W0381896

REJOIGNEZ LA COMMUNAUTÉ DES LECTEURS MALINS !

Inscrivez-vous à notre newsletter et recevez chaque mois :

- des conseils inédits pour vous sentir bien ;
- des interviews et des vidéos exclusives ;
- des avant-premières, des bonus et des jeux !

Rendez-vous sur la page : **http://leduc.force.com/lecteur**

ou scannez ce code :

Découvrez aussi notre catalogue complet en ligne sur notre site : **www.editionsleduc.com**

Enfin, retrouvez toujours plus d'astuces et de bons conseils malins
sur notre blog : **www.quotidienmalin.com**
sur notre page Facebook : **www.facebook.com/QuotidienMalin**

Maquette : Sébastienne Ocampo
Illustrations : Fotolia

© 2016 Leduc.s Éditions
17, rue du Regard
75006 Paris – France
ISBN : 979-10-285-0263-8
ISSN : 2425-4355

C'EST MALIN
GRAND FORMAT

JULIE FRÉDÉRIQUE

BELLE ET EN FORME AVEC LA LUNE

Téléchargez votre calendrier lunaire et bien d'autres bonus exclusifs !
(voir p. 191).

LEDUC.S ÉDITIONS

SOMMAIRE

INTRODUCTION

La lune fascine. La lune fait rêver. Symbole du cycle et de l'éternel renouvellement, elle ne cesse de nous intriguer. Dans les mythes comme dans la superstition populaire, elle apparaît dotée de grands pouvoirs. Astre des tueurs et des amoureux, la lune unit l'homme au cosmos, influence chacun de nos actes.

Mais la lune est un astre mystérieux. Essentielle à la vie sur Terre telle que nous la connaissons, elle nourrit de nombreuses croyances quant à son impact sur notre santé physique et mentale. Entre légendes millénaires, superstitions et études scientifiques, que savons-nous réellement de son influence sur nous ? Et quels bénéfices pouvons-nous tirer de cet astre si puissant ?

Si la lune influence la nature à tous les niveaux : les marées, le jardinage, la pêche, les animaux, elle agit également sur le corps humain. Elle a une action sur tous les liquides, et donc ceux qui circulent dans notre organisme à travers les systèmes circulatoire, lymphatique, digestif et urinaire. Tous les organes sont sensibles à la lune, même le cerveau !

Dans les années 1990, les physiciens ont découvert que les variations d'énergie des électrons étaient sensibles au mouvement des marées, lui-même tributaire de l'attraction lunaire. Ils en ont d'ailleurs tenu compte pour la conception des accélérateurs de particules nouvelle génération. La lune exerce donc une influence sur l'énergie des milliards d'électrons présents dans notre corps et notre système nerveux. Une influence variable selon qu'elle est croissante ou décroissante, montante ou descendante. Selon les nuits, le fait qu'elle soit plus ou moins haute dans le ciel accentue ou atténue son action. Ce sont ces phénomènes combinés qui font la diversité des influences de l'astre lunaire sur la nature et notre organisme. La lune nous indique ainsi le meilleur moment pour s'occuper de soi.

Notre satellite agit donc sur notre beauté, mais aussi sur notre ligne, notre forme, notre humeur et notre santé dans son ensemble. Dans cet ouvrage, nous vous proposons d'apprivoiser l'astre de la nuit pour profiter de ses bienfaits.

Il vaut mieux se couper les cheveux en lune croissante et montante pour qu'ils repoussent plus vite, et s'épiler en lune décroissante et descendante pour ralentir la repousse... Vous avez déjà entendu ces recommandations, mais ne savez pas précisément comme les mettre en pratique ? Nous allons vous guider pour que vous puissiez profiter des meilleures périodes indiquées par la lune.

Tout d'abord, faisons plus ample connaissance avec la lune, décryptons ses diverses influences avant d'apprendre à vivre en harmonie avec elle grâce à de nombreux conseils pratiques, recettes et soins à réaliser en fonction de la phase lunaire.

UNE PART DE MYSTÈRE

Malgré tout ce que l'on sait sur elle, la lune conserve néanmoins sa part de mystère. Sa face « cachée » le restera à jamais.
Si, pour des raisons d'emploi du temps ou de météo, vous ne pouvez pas suivre la lune, ne pensez pas pour autant que le ciel vous tombera sur la tête ! Simplement, les choses mettront peut-être plus de temps à démarrer. Si, en revanche, vous pouvez respecter les lois de notre satellite, vous mettrez plus de chances de votre côté.

1

L'INFLUENCE DE LA LUNE

Chapitre 1

La Lune, un astre bien mystérieux

« Qui est plus utile, le soleil ou la lune ? La lune, bien entendu, elle brille quand il fait noir, alors que le soleil brille uniquement quand il fait clair. »

GEORG CHRISTOPH LICHTENBERG,
physicien et écrivain allemand

La Lune est à ce jour le seul astre que l'homme ait pu explorer en personne. Le premier être humain à avoir foulé son sol est l'astronaute Neil Armstrong, le 21 juillet 1969, lors de la mission Apollo 11. Depuis, douze hommes ont marché sur la Lune, tous américains et membres du programme Apollo. Le retour de l'homme sur la Lune est prévu par plusieurs nations aux alentours de 2020-2030.

Même si nous l'avons déjà explorée, il nous est encore difficile de décrypter tous les mystères entourant cet astre dont une face nous demeure continuellement cachée. En effet, elle tourne autour de la Terre en 29 jours, et elle tourne sur elle-même dans le même temps. Elle montre donc toujours la même face à la Terre, la face dite « visible », et possède ainsi une face « cachée ».

QUELQUES CHIFFRES À CONNAÎTRE

Astronomiquement parlant, la Lune est l'unique satellite naturel de la Terre et le cinquième plus grand satellite du système solaire avec un diamètre de 3 474 km. La distance moyenne séparant la Terre de la Lune est de 384 400 km. La Lune s'éloigne de 3,8 cm par an de notre planète. Elle est 50 fois plus petite et 83 fois plus légère que la Terre. Elle n'est pas toujours à la même distance de notre planète, parfois à 356 500 km (c'est ce qu'on appelle le *périgée*), parfois à 406 700 km (l'*apogée*). C'est lors du périgée (quand elle est au plus proche de la Terre) et de la pleine lune que les marées sont les plus fortes et que l'influence de notre satellite est la plus puissante.
La Lune est 400 fois plus petite que le Soleil, mais elle est 400 fois plus près de nous que ce dernier. Elle subit l'attraction de la Terre et du Soleil.

LES CYCLES LUNAIRES

Du fait de sa rotation synchrone, en même temps autour de la Terre et sur elle-même, la Lune nous présente toujours quasiment la même partie de sa surface. Mais la moitié de la sphère éclairée par le Soleil varie au cours des 29,53 jours d'un cycle lunaire, et donc la portion éclairée de la face visible aussi. Ce phénomène donne naissance à ce que l'on appelle les **phases lunaires**, qui se succèdent au cours d'un cycle nommé « lunaison » ou révolution synodique de la **Lune**, lequel sépare deux nouvelles lunes consécutives, et à l'origine du mois dans nos calendriers. Celles-ci montrent des « visages » de la lune différents (lune ronde, pleine ou en croissant) en fonction des positions relatives du Soleil, de la Terre et de la Lune elle-même. Car l'astre lunaire n'a pas d'éclairage interne et se contente de refléter la lumière solaire.

LES DIFFÉRENTES PHASES LUNAIRES

Un tour complet de la Lune, ou lunaison, peut être décomposé en quatre phases lunaires, qui sont définies par rapport aux portions visibles depuis la Terre :

- **Nouvelle lune ou lune « noire » :** période où la Lune est complètement obscure jusqu'au moment où la moitié droite est complètement illuminée. Sa face éclairée par les rayons solaires n'est pas visible. Le rayonnement électromagnétique de la Lune vers la Terre est faible.

- **Premier quartier ou lune croissante :** période qui va de la nouvelle lune, où la moitié droite de la Lune est complètement illuminée jusqu'à la pleine lune. Elle dure 13 jours durant lesquels la Lune va peu à peu « grossir ». Pendant cette phase on peut voir que la Lune forme la lettre D.

- **Pleine lune ou lune « blanche » :** du moment où le cercle lunaire est complètement illuminé par le Soleil, jusqu'à ce qu'on ne voie que la moitié gauche. Le rayonnement électromagnétique est fort.

- **Dernier quartier ou lune décroissante :** période qui va de la pleine lune à la nouvelle lune, du moment où on observe une perte continue d'éclairage de la Lune jusqu'à ce qu'elle soit complètement obscure. Pendant cette phase, la lune forme la lettre C.

CROISSANTE, DÉCROISSANTE, MONTANTE, DESCENDANTE… ?

La Lune est l'astre de la nuit. C'est un astre en mouvement. Elle croît, atteint son apogée et disparaît. Elle est croissante lorsqu'elle « grossit » et décroissante lorsqu'elle « maigrit ». En plus d'être croissante ou décroissante, la lune peut être montante ou descendante.

Parfois, on voit la Lune « à portée de main », juste au-dessus des toits. Parfois, elle est haut dans le ciel. Nuit après nuit, durant 14 jours, la Lune monte par rapport à l'horizon. La Lune est montante, puis elle redescend.

Attention

Ne confondez pas lune croissante et lune montante ! Les deux mouvements (croissante-décroissante et montante-descendante) sont indépendants. La lune peut être à la fois croissante et descendante ! Et l'influence de ces différents mouvements n'est pas toujours la même sur la terre et sur le corps humain.

Pour savoir si la Lune est montante ou descendante, observez sa position dans le ciel en prenant un repère fixe (par exemple : un arbre, un toit...). Le lendemain, observez la Lune au même moment et au même endroit. Si elle se situe plus bas que la veille par rapport au repère choisi, c'est qu'elle descend, et inversement.

Pour savoir si la Lune est croissante ou décroissante, observez son croissant illuminé. S'il a la forme d'un « C », la Lune est décroissante ; s'il a la forme d'un « D », la Lune est croissante. Attention, cette règle n'est valable que pour ceux qui observent l'astre lunaire depuis l'hémisphère Nord de la Terre. Dans l'hémisphère Sud, c'est l'inverse !

Les influences de la Lune montante sont assez proches de celles de la Lune croissante. Et celles de la Lune descendante ressemblent fort à celles de la Lune décroissante. Les différents mouvements de la Lune peuvent donc s'équilibrer ou s'amplifier. Quand le mouvement descendant s'ajoute au mouvement croissant, leurs effets se neutralisent légèrement. Et si la Lune est à la fois montante et croissante, alors attention aux coups de folie, comparables à ceux de la pleine lune !

LES QUATRE JOURS « NOIRS »

Il y a quatre jours dans le cycle lunaire mensuel un peu « néfastes » : l'apogée (jour où la Terre et la Lune sont les plus éloignées), le périgée (jour où la Terre et la Lune sont les plus proches), les nœuds lunaires (jours où l'orbite elliptique de la Terre autour du Soleil coupe celle de la Lune, cela arrive deux fois en 27 jours), et les jours d'éclipse.

Chapitre 2

L'incroyable influence de la lune

« Temps et vent et femme et fortune
changent autant que la lune. »

Proverbe français

La Lune est l'astre le plus proche de la Terre. Sa taille (3 476 km de diamètre) en fait l'astre qui influence le plus la vie sur Terre, après le Soleil.

La Lune influence la Terre par trois forces physiques :

- **Le champ magnétique :** comme toutes les planètes du système solaire, la Lune possède un champ magnétique qui exerce une influence sur la santé et la végétation.
- **La gravitation :** qui fonctionne à peu près comme un aimant.
- **La lumière :** eh oui ! La Lune renvoie une partie de la lumière du Soleil. Par conséquent, plus elle est proche et visible (c'est le cas de la pleine lune), plus la lumière est forte. C'est cette lumière qui agit directement sur les êtres vivants... et les loups-garous ! Grrrrrrr !

LA LUNE ET LES MARÉES

On connaît bien l'influence de la Lune sur les marées. Du fait de l'attraction de la Lune, les masses d'eau des océans sont « étirées » en direction de l'astre lunaire. Ces marées sont calées sur le cycle lunaire : elles sont maximales à la pleine lune et à la nouvelle lune.

MARÉE HAUTE OU MARÉE BASSE ?

Lorsque la Lune est au-dessus de l'océan, toutes les 12 heures environ, elle l'attire et il se gonfle en se retirant des plages : c'est la marée basse. Le reste du temps, l'eau s'étale et remonte sur le littoral : c'est la marée haute.

LA LUNE ET LES PLANTES

Déjà, les Mayas et les Incas cultivaient les plantes selon les cycles lunaires.

Étant donné l'influence de la lune sur les océans et les marées, il est évident que les plantes, constituées à 95 % d'eau, sont aussi influencées par la lune. De nombreux agriculteurs adeptes de la biodynamique jardinent en fonction de la lune. Essayez et vous verrez votre jardin et votre potager se transformer !

LA LUNE ET LES ANIMAUX

On a souvent entendu parler de ces animaux qui fuient avant qu'une catastrophe naturelle ne survienne (tremblement de terre, éruption, tsunami, etc.) sans qu'aucun signe visible n'indique le danger. Les animaux sont tout simplement plus sensibles et plus réceptifs à divers signaux que nous ne percevons pas toujours, et notamment aux influences lunaire et planétaire.

Autrefois, nos aïeux tenaient compte cette sensibilité et considéraient les rythmes lunaires pour déplacer et rentrer le bétail, pour effectuer une première sortie de printemps, pour les saillies, les accouplements, traiter contre les vers, ferrer et parer les pieds des animaux, nettoyer et désinfecter les étables, pour savoir si l'œuf deviendrait poulet ou poulette, etc.

Les différentes phases lunaires influencent donc le comportement des animaux comme celui des poissons. Ainsi, les pêcheurs se réfèrent au calendrier lunaire pour faire leurs meilleures prises. La pleine lune, quant à elle, augmente les naissances chez les mammifères, ce phénomène étant également vrai pour les humains.

LA LUNE ET L'HOMME

Nous avons vu que la lune exerçait au moins trois forces physiques mesurables : la gravité, la luminosité et les champs magnétiques. Si elle agit par le biais des marées sur les énormes masses d'eau que représentent les océans, imaginez son influence sur le corps humain composé à 80 % d'eau !

La lune influe sur nous à travers les éléments liquides de notre organisme : sang, lymphe, liquide céphalo-rachidien, sécrétions diverses, dont les hormones... Elle a donc une influence directe sur nos ongles, nos cheveux, nos poils, notre sommeil, nos humeurs, notre tonus et notre santé en général.

Bien sûr, chaque personne est différente et sera plus ou moins sensible à l'influence de la lune. Être attentif aux différents signes vous aidera à rester connecté aux secrets de l'astre le plus énigmatique de notre système solaire.

LES GRANDS PRINCIPES

› Les jours de pleine lune, les tendances sont généralement à la mauvaise humeur. Cette agressivité se ressent aussi en phase descendante, où l'on peut être très irritable. En fait, ces jours-là, il vaudrait mieux rester au lit !

› Les jours de nouvelle lune sont particulièrement propices pour détoxifier son corps en profondeur, notamment si l'on souffre de troubles digestifs ou de peau.

› La lune croissante (période entre la nouvelle lune et la pleine lune) est une phase pendant laquelle l'organisme reprend des forces. C'est une bonne période pour commencer des cures anti-fatigue et des massages circulatoires.

› La lune décroissante (période entre la pleine lune et la nouvelle lune) influe sur l'élimination des toxines et la perte de poids, à condition de commencer juste après la pleine lune.

Chapitre 3

La lune et les femmes

« La femme est semblable à la lune : certaines nuits, elle est d'argent, certaines autres, elle est d'or. »

Proverbe arménien

Depuis toujours et sous toutes les latitudes, la lune est associée à l'éternel féminin. Si, pour le poète Louis Aragon, « de la femme vient la lumière », rien d'étonnant que l'astre de la nuit puisse être un atout de beauté et de séduction pour les femmes.

La lune exprime une transformation incessante. La femme a toujours été associée à la lune. Ne dit-on pas que les femmes sont plus lunatiques que les hommes ?

UNE HISTOIRE DE PHASES

Les similitudes entre la lune et la femme sont nombreuses. D'abord, et c'est le plus frappant : dans le calendrier lunaire, les cycles au cours desquels la Lune tourne autour de la Terre (orbite) et autour d'elle-même (révolution) sont de même durée (28 jours) que le cycle hormonal d'une femme en âge de porter un enfant. Sa révolution et son orbite étant à peu près de durée équivalente, la lune montre toujours le même visage. Là encore, le lien entre le mystère féminin et la face cachée de la lune est établi. De ce que la lune ne montre pas d'elle-même s'exhale un parfum d'inconnu aussi captivant qu'irrésistible. Quelle femme ne se sentirait pas complice de cette déesse-là ?

De plus, la lune change sans cesse d'apparence et arrive où on ne l'attend pas. Elle se voile et se dévoile quand bon lui semble. Elle retient l'attention. Elle suscite l'admiration et fait rêver. Autant d'effets qu'une femme sait produire. Autant d'attitudes qu'elle peut maîtriser à la perfection.

L'ESSENCE DE LA FEMME

Sur un plan plus subtil, la douce lumière argentée de la lune est de nature féminine. Elle est plus pondérée que celle du soleil doré, symbole masculin par excellence. La lune engage à la contemplation et au retour au calme par le silence. Elle est traditionnellement associée à l'intuition (féminine), à la créativité, et bien sûr à la maternité. Apaisante, sa splendeur évoque une sorte d'absolu intemporel. Elle invite à un retour sur soi, une introspection objective qui répond à un besoin profond : celui d'être écouté avec indulgence et tendresse, vertus développées par les femmes qui savent si bien accueillir ceux qu'elles aiment. Dans le calendrier lunaire, cette phase d'introspection correspond à la nouvelle lune.

LUNE ET FERTILITÉ

Les femmes sont peut-être plus sensibles aux effets de la lune en raison de leur rythme menstruel proche de celui des cycles lunaires (28 jours).

Comment tomber enceinte grâce à la lune ?

Tomber enceinte en suivant le cycle de la lune est possible.

Maintenant que la décision est prise et que vous vous sentez tous les deux prêts à devenir parents, vous n'avez qu'une envie, madame : tomber rapidement enceinte. Pour cela, vous pouvez bénéficier de l'influence de la lune ! En effet, tomber enceinte n'est pas toujours facile. La lune, grâce à sa lumière et son énergie, peut jouer un rôle dans la fertilité. Alors, pourquoi ne pas s'aider du rythme de la nature, et notamment de celui de l'astre lunaire ?

La réputation de la lune concernant son influence sur la fécondation, notamment animale, n'est plus à démontrer. Mais comment influence-t-elle la fertilité ? Et comment faire pour rapprocher son cycle menstruel de celui de la lune ?

Cycle menstruel et cycle lunaire

Le cycle de la lune est de 28 jours... Ça ne vous rappelle rien ? Le cycle menstruel, bien sûr ! C'est pourquoi les femmes sont davantage influencées par la lune que les hommes.

Les quatre phases de la lune sont symétriques à celles du cycle menstruel :
① *La phase pré-ovulatoire* correspond à la lune croissante ;
② *La phase ovulatoire* correspond à la pleine lune ;
③ *La phase prémenstruelle* correspond à la lune décroissante ;
④ *La menstruation* correspond à la nouvelle lune.

CALENDRIER LUNAIRE

Le mot « menstrues » est dérivé du latin *mensis* : mois (qui est l'étymologie du terme anglais *moon* : « lune »). La mesure du temps selon les phases de la lune est à l'origine du calendrier lunaire. Celui-ci a été remplacé par un calendrier solaire, mais les religions juive, chrétienne et islamique continuent de calculer les dates de leurs grandes fêtes d'après le calendrier lunaire.

Pleine lune et ovulation

Votre fécondité est au top à la pleine lune !
Le cycle menstruel étant synchro avec le cycle lunaire, les femmes sont « programmées » pour ovuler avec la pleine lune et saigner avec la lune noire.

Au milieu de votre cycle – soit au 14e jour –, l'ovulation est provoquée par vos hormones sous l'influence de la pleine lune. Votre fécondité est à son apogée à ce moment précis.

Mais, au fil du temps, les cycles menstruels des femmes sont devenus irréguliers et ne sont plus synchronisés avec la lune, en raison notamment de l'éclairage artificiel. Suivre le rythme de la nature semble donc être une clé pour tomber enceinte.

Comment calquer votre cycle sur celui de la lune ?

Tout d'abord, la lumière et son intensité jouent un rôle important dans le cycle menstruel. Donc, afin de rapprocher votre cycle menstruel de celui de la lune, il est conseillé de dormir dans une chambre complètement obscure en dehors des jours de pleine lune. En revanche, les soirs de pleine lune, il est recommandé de laisser les fenêtres et les rideaux ouverts afin de laisser pénétrer la lumière de la lune dans la chambre et qu'elle brille sur vous toute la nuit.

Préparez-vous et mettez-vous dans de bonnes conditions deux à trois jours avant la pleine lune afin d'être sexuellement « excitée » : évitez les sujets qui fâchent et ayez des petites attentions câlines pour votre partenaire afin de faire monter le désir tout en réduisant le stress.

Cependant, sachez que plusieurs mois seront probablement nécessaires avant que votre cycle menstruel se calque parfaitement sur celui de la lune. Ce processus demande donc de la patience et de la persévérance. Néanmoins, tomber enceinte avec la lune reste possible. Il suffit pour cela de suivre les rythmes de la nature.

L'ASTUCE EN +

Une petite astuce pour les femmes qui ont un cycle irrégulier et des règles douloureuses : faites une cure de 10 jours par mois en lune croissante de tisane de sauge.

Les coutumes pour booster sa fertilité

Les conseils de nos grands-mères
Pourquoi ne pas essayer les bonnes vieilles méthodes de nos grands-mères pour tomber enceinte ?

Tout d'abord, veillez à faire l'amour les soirs de pleine lune, mais n'en oubliez pas pour autant vos dates d'ovulation qui, elles, sont précisément conseillées pour faire des câlins.

Outre les positions les plus « pénétrantes » (l'homme dessus), nos aïeules recommandaient vivement de rester les jambes en l'air après le coït, la position du poirier étant un grand classique pour aider les spermatozoïdes à frayer leur chemin.

Et ne prenez pas de douche après l'amour pour éviter de faire fuir les spermatozoïdes !

Les éléments nutritionnels miraculeux
Bien sûr, alimentation et fertilité sont liées. En plus de l'ail, du fenouil et des autres aliments bourrés de vitamine C, certains nutriments permettent de tomber enceinte – toujours selon nos grands-mères. En premier lieu, l'huile de bourrache, qui renforcerait la qualité de la glaire cervicale. Mais aussi la levure de bière qui boosterait le développement cellulaire. On a dit levure, pas la bière !

L'ASTUCE EN +

Choisir le sexe de son enfant grâce à la lune, c'est possible ! Voici une méthode pour deviner le sexe de bébé (mais bien entendu l'échographie reste le meilleur moyen de savoir !). On a constaté que les filles seraient plutôt conçues entre la pleine lune et la nouvelle lune, et les garçons entre la nouvelle lune et la pleine lune. Donc, si vous voulez un garçon... vous devez faire l'amour quand la lune est dans son premier ou son dernier quartier, la nuit et les jours impairs du mois.
Si vous voulez une fille, faites l'amour à la pleine lune, l'après-midi et les jours pairs.

2

VIVRE EN HARMONIE AVEC LA LUNE

Chapitre 1

Les effets de la lune sur l'organisme selon ses différentes phases

Ce sont les jours de pleine lune et de nouvelle lune qui auront la plus grande influence chaque mois sur l'humeur, le niveau d'énergie, la beauté, le régime et la santé. Mais les périodes de lune croissante et décroissante ont aussi de nombreux impacts.

Suivez le guide pour connaître les tendances générales des différentes phases lunaires !

Tableau récapitulatif des effets de la lune sur l'organisme

PHASE LUNAIRE	ACTIONS SUR L'ORGANISME			
	Effets sur la forme et l'humeur	**Effets sur la santé**	**Effets sur la beauté**	**Effets sur la minceur**
Nouvelle lune	Bilan, grandes résolutions, moment de rompre avec les mauvaises habitudes.	Éradication des vers ou oxyures.	Purification, nettoyage en profondeur et régénération de la peau.	Favorable à une journée de détox.
Lune croissante	Énergie, entrain pour de nouveaux projets.	Problèmes circulatoires et veineux, migraines, rhumatismes.	Pousse plus rapide des cheveux. Soins des peaux sèches.	Prise de poids.
Pleine lune	Grande énergie, voire irritation, anxiété, coups de déprime, crises d'angoisse, insomnies.	Éradication des vers ou oxyures.	Pousse des cheveux deux fois plus vite et plus beaux.	Favorable à une journée de détox.
Lune décroissante	Fatigue, coups de blues.	Éradication des verrues, cors et durillons.	Pousse des cheveux moins rapide mais plus forts. Soins des cheveux. Épilation conseillée : ralentit la repousse. Soins des peaux grasses.	Perte de poids.

LUNE CROISSANTE : ON FAIT LE PLEIN D'ÉNERGIE !

Lorsque la lune croît, l'organisme reprend des forces. C'est une période idéale pour les convalescences, les cures anti-fatigue de vitamines, de phytothérapie ou d'homéopathie, et les massages contre les problèmes circulatoires. Mais c'est aussi un moment où l'on a plus de risques de prendre du poids, car c'est une période d'assimilation pour notre organisme qui tire parti au maximum de ce qu'il perçoit pour son développement. Alors attention aux écarts !

Humeur

Le niveau d'énergie est en hausse et l'humeur est plutôt positive. C'est une période d'extériorisation, le moment idéal pour apprendre des choses nouvelles ou mettre en route des projets, de nouvelles résolutions, perdre de mauvaises habitudes, démarrer un régime...

Si vous désirez arrêter de fumer ou vous débarrasser d'une habitude envahissante, la lune croissante est favorable.

Pendant la lune croissante, faites-vous plaisir avec des massages tonifiants. Le système veineux, circulatoire et lymphatique est particulièrement en éveil et fonctionne à plein régime ! Les massages seront d'autant plus efficaces !

Rappel : les massages se font énergétiques en lune croissante et relaxants en lune décroissante.

Beauté

Soins de la peau

C'est le moment de vous occuper de vous et de soigner votre peau : masques pour peaux sèches et mixtes, crèmes nourrissantes, lotions raffermissantes... tous les soins sont plus efficaces appliqués en lune croissante.

Car la peau absorbe mieux les principes actifs en lune croissante.

Soins des cheveux

Si vous coupez vos cheveux en lune croissante, ils repousseront plus vite, le deuxième quartier étant généralement considéré comme le meilleur moment. Si vous voulez espacer vos rendez-vous chez le coiffeur, faites-les au contraire couper à la lune décroissante.
Pour que votre teinture prenne mieux et tienne plus longtemps, faites-la toujours en lune croissante, de préférence dans le premier quartier.

Soin des ongles

La lune croissante stimule la repousse des ongles. À vos manucures !

Régime

Ce n'est pas le moment de faire un régime, car la lune croissante favorise la prise de poids. C'est une phase où les aliments sont particulièrement bien assimilés par l'organisme et où tout nous profite plus. Donc, gare aux excès qui seront automatiquement stockés !

Santé

C'est le moment parfait pour entamer une cure de vitamines, d'oligoéléments ou de compléments phytothérapeutiques (à base de plantes), ou tout traitement qui sera d'autant mieux assimilé par l'organisme, donc d'autant plus efficace.

PLEINE LUNE : ÇA POUSSE !

Un parfait disque argenté suspendu sous la voûte étoilée... La pleine lune resplendit dans le ciel 14 jours après le début du cycle lunaire. La sensibilité psychique et émotionnelle y atteint son apogée, et l'intuition est plus développée à ce moment exceptionnel. La nuit est propice à des prises de conscience, des réponses ou autres éléments décisionnaires issus de l'intuition.

Les effets de la pleine lune peuvent se ressentir pendant 2 ou 3 jours. L'énergie est à son maximum, mais la clarté de la nuit favorise la veille et perturbe l'endormissement et la qualité du sommeil.

Il est rare, et donc considéré comme puissant, d'avoir deux pleines lunes dans un seul mois. On appelle cela la **lune bleue**.

Humeur

Irritabilité et insomnie sont souvent ressenties à la pleine lune. N'hésitez pas à canaliser votre agitation dans des activités physiques et profitez de cette période pour vous chouchouter : tisanes, bains aux huiles essentielles, massages relaxants pour conjurer l'anxiété, la nervosité et les problèmes de sommeil que vous pourriez rencontrer en raison de la pleine lune. Évitez de prendre des décisions trop importantes à cette période pour ne pas le regretter plus tard.

Beauté

Cheveux

C'est LA période idéale pour se couper les cheveux (la veille, le soir ou le lendemain de la pleine lune) afin qu'ils repoussent plus vite et qu'ils gagnent en beauté et en vitalité.
L'idéal étant de les couper en lune montante pour qu'ils poussent vite et en lune descendante pour les épaissir.
Pour être en bonne santé, les cheveux ont besoin d'un apport massif de nutriments dans le cuir chevelu. La pleine lune augmente le débit sanguin et offre cet apport à vos cheveux. Mieux nourris, ils sont plus fournis et vigoureux. Ce bénéfice ne profite pas seulement aux cheveux, mais aussi à la peau, aux ongles, aux poils... Madame la lune agit en profondeur à tous les niveaux.

Ongles

De même pour vos ongles, si vous les coupez à la pleine lune, ils repousseront plus rapidement.

Épilation

En revanche, il est déconseillé de s'épiler à cette période, car les poils repoussent plus vite aussi !

Régime

Période favorable pour pratiquer une journée de jeûne ou de détox. En effet, la pleine lune favorise la détoxification du corps. La lune agit sur les fluides corporels en provoquant, grâce à sa force d'attraction, des sortes de micro-marées intérieures. Cela entraîne une meilleure circulation sanguine, génère un drainage du foie et un meilleur fonctionnement des reins. Le corps fonctionne mieux et plus vite.

Santé

Les forces de gravitation et d'attraction lunaires provoquent sur nos cellules gorgées d'eau un phénomène de micro-marées intérieures. Et c'est à la pleine lune qu'elles sont les plus fortes.

Des variations du volume sanguin sont perceptibles les jours de pleine lune et les personnes sensibles pourront notamment ressentir une accentuation :

- De l'insuffisance veineuse,
- Des jambes lourdes (par vasodilatation),
- Des varices (par dilatation permanente d'une ou plusieurs veines),
- Des hémorroïdes internes ou externes entraînant des douleurs aiguës en période inflammatoire ainsi que des pertes sanguines,
- D'une tension mammaire douloureuse,
- Des cystites et infections urinaires,

- Des hémorragies et saignements (il faut donc éviter, dans la mesure du possible, les actes chirurgicaux ou dentaires à cette période),
- Des démangeaisons à l'anus provoquées par les vers intestinaux femelles qui viennent pondre. C'est donc une excellente période pour traiter les oxyures (commencez le traitement la veille de la pleine lune).

LUNE DÉCROISSANTE : ON ÉLIMINE !

La lune décroît et se dégonfle. Nous aussi ! C'est un excellent moment pour se détendre, se relaxer, s'occuper de soi avec des soins des cheveux, des ongles, du visage et du corps.

Humeur

Cette phase lunaire favorise l'intériorisation, la réflexion et la spiritualité. C'est le moment idéal pour pratiquer des activités comme la méditation, le yoga ou la relaxation. Les massages à cette période se font relaxants.

Beauté

Cheveux

Préférez la lune décroissante, juste après la pleine lune, pour couper des cheveux cassants, fourchus, abîmés, ou bien s'ils manquent de volume et que vous souhaitez les faire épaissir. Ils repousseront certes moins vite, mais gagneront en santé, en force et en vigueur. Période parfaite aussi pour rafraîchir une coupe courte et empêcher la repousse trop rapide des cheveux.

Côté soins, c'est la période idéale pour traiter les cheveux secs avec des masques nourrissants et des bains d'huile. Les masques capillaires seront particulièrement efficaces sur les cheveux secs (pour les cheveux gras, il faudra attendre la lune croissante).

Évitez de vous faire une teinture en lune décroissante : elle risquerait d'être ratée.

Épilation

Saviez-vous que le temps entre deux épilations sera augmenté si vous vous épilez à la lune décroissante ? Les poils repousseront en effet moins vite.

Soin des peaux grasses

C'est le moment de traiter les peaux grasses avec les soins adéquats, mais aussi de nettoyer sa peau en profondeur avec des gommages et des fumigations.
Si vous avez la peau grasse, privilégiez les soins en lune décroissante, notamment pour démarrer les traitements contre l'acné et les points noirs. C'est en effet en lune décroissante qu'il faut intervenir sur les boutons.

Ongles

Bonne période pour couper les ongles fragiles, cassants ou qui se dédoublent si vous voulez les rendre plus résistants.

Régime

À la lune décroissante, juste après la pleine lune, notre corps entame un processus d'élimination propice au drainage et à la détoxification de l'organisme. C'est donc le moment idéal pour entamer un régime minceur, les effets seront amplifiés et les résultats visibles plus rapidement.

Pendant le laps de temps (deux semaines environ) entre la pleine lune et la nouvelle lune, il est plus aisé de perdre des kilos car l'élimination des toxines est plus grande. De plus, l'organisme ayant fait le plein d'énergie durant la période précédente, votre régime ne vous épuisera pas.

Contribuez à cette bonne élimination en ingurgitant des aliments détoxifiants comme des salades et des crudités.

Santé

Bonne période pour une intervention chirurgicale ou dentaire : c'est le moment de réaliser un détartrage, une extraction de dents, une pose de couronne ou de bridges. À cette période, la cicatrisation des plaies sera plus facile, rapide et efficace. Si vous devez subir une intervention chirurgicale, programmez-la de préférence en lune décroissante.

Période propice pour arrêter de fumer ou de boire car le corps élimine mieux les déchets et les substances indésirables. Bon moment également pour les traitements de l'appareil digestif.

C'est le moment de traiter vos verrues, cors et durillons pour un maximum d'efficacité. Ne traitez d'ailleurs vos verrues qu'en période de phase lunaire décroissante ou elles risqueraient de repousser de plus belle !

NOUVELLE LUNE : PLACE AUX PROJETS !

La nouvelle lune, appelée aussi lune noire, plonge la nuit dans l'obscurité complète. Attention, ce n'est pas parce que l'on ne voit pas la nouvelle lune qu'elle est moins forte !

C'est le moment de se recentrer, de poser de nouvelles bases pour un nouveau départ et opérer des changements importants et durables. En général, les résolutions prises à cette période ont toutes les chances de porter leurs fruits. C'est une période idéale pour rompre avec une mauvaise habitude, jeûner ou faire une détox.

Si vous avez décidé de passer à l'attaque et de vous mettre en valeur sur le plan physique, cette phase lunaire soutiendra votre décision et vous engagera à la persévérance. L'arrivée rapide des résultats vous donnera envie de poursuivre le soin avec régularité. Reportez-vous aux astuces et recettes qui correspondent à votre programme beauté.

Humeur

La nouvelle lune est idéale pour établir un bilan, passer un cap et changer vos habitudes, choisir de nouvelles voies et agir autrement. C'est le moment de prendre des bonnes résolutions, comme arrêter de fumer, faire du sport ou manger plus équilibré.

Beauté

C'est le moment de purifier, nettoyer en profondeur et régénérer votre peau.

Régime

Durant la nouvelle lune, notre corps élimine facilement toxines et impuretés. Si vous envisagez de jeûner pendant quelques jours, choisissez cette période. De plus, il vous sera infiniment moins pénible de renoncer à vos gourmandises préférées. Faites coup double en commençant une activité sportive.

Si vous suivez une diète hydrique à l'eau minérale, votre corps en tirera un double bénéfice, car les minéraux et oligoéléments contenus dans l'eau seront particulièrement bien assimilés.

Chapitre 2

Votre humeur, votre sommeil et votre énergie avec la lune

La lune est responsable de nombreux de nos bouleversements émotionnels.

Il est prouvé que ses rayonnements ont un effet sur l'humeur de chacun en raison de son action sur le système nerveux et sur les glandes régulatrices des hormones, comme la thyroïde, l'hypophyse et les surrénales. Ce n'est donc peut-être pas un hasard si vous vous sentez plus « électrique » les soirs où la lune est pleine.

Tableau des effets de la lune sur l'humeur

CALENDRIER	RAYONNEMENT	ACTIONS SUR L'ORGANISME
Nouvelle lune	Très faible	Bonne énergie pour démarrer un nouveau projet
Lune croissante	Devient plus fort	Grande énergie
Pleine lune	Très fort	Irritabilité, anxiété, insomnie
Lune décroissante	Va en s'affaiblissant chaque jour	Fatigue, coups de blues, l'organisme tourne au ralenti

C'EST LA PLEINE LUNE ? ON SE RELAXE !

La pleine lune est une période où l'on est davantage sensible, irritable, stressé, lunatique. Ceci est dû à l'intensité électromagnétique de la lune. En effet, la lune émet des rayonnements dont les effets s'apparentent aux ondes électromagnétiques générées par un four à micro-ondes, les antennes relais, le Wifi ou les appareils électriques.

En période de pleine lune, ce rayonnement est à son maximum et a plusieurs effets sur notre cerveau et notre comportement :
- Un effet direct sur le système nerveux.
- Un effet sur l'hypothalamus qui, une fois « déréglé », accentue l'état de stress.

- Un effet sur la mélatonine, hormone régulatrice des cycles de veille et de sommeil sécrétée la nuit. La pleine lune diminuant la production de cette hormone, cela expliquerait pourquoi les troubles du sommeil sont si fréquents lorsque la lune est pleine.

L'ASTUCE EN +

En période de pleine lune :

› Diffusez dans l'atmosphère de l'huile essentielle d'orange douce ou de mandarine, elles sont très apaisantes.

› Vaporisez dans l'atmosphère, 2 à 3 fois par jour, de l'eau florale de camomille romaine (100 ml) additionnée de 10 gouttes d'huile essentielle de camomille romaine.

Insomnie, stress, nervosité... La pleine lune peut irriter les nerfs des personnes les plus sensibles, provoquant une effervescence particulière qui trouble le sommeil jusqu'à provoquer une insomnie passagère, les nuits de pleine lune mais aussi 3 à 5 jours avant. À la pleine lune, ne soyez pas étonné par d'éventuelles baisses de moral ou par de l'agressivité. Essayez la réflexologie et le yoga pour vous détendre. Canalisez votre agitation dans des activités physiques et de relaxation (sport, méditation, yoga) et tournez-vous vers des aides naturelles comme les massages, les bains et les tisanes.

L'ASTUCE EN +

L'énergie physique est à son maximum. Canalisez le trop-plein d'excitation lié à la pleine lune par des activités physiques. Ne ratez pas votre séance de gym !

NOUS SOMMES LUNATIQUES

Les jours de pleine lune, il y a de l'électricité dans l'air ! Mais les tensions et les tendances à la mauvaise humeur généralisée se ressentent aussi quand la lune est descendante. Pendant ces périodes, les collègues de travail, les chefs, les professeurs, les conjoints, les enfants sont facilement irritables. Alors, pour ne pas vous laisser aller à la morosité ambiante, buvez des tisanes d'aubépine et évitez de prendre des décisions importantes. Prenez du recul.
Et ne vous laissez pas démonter par la mauvaise humeur de votre chef ou de vos collègues. Laissez passer l'orage avant de vous exprimer ou cela pourrait faire des étincelles.

LUNE ET SOMMEIL : VOS NUITS SOUS INFLUENCE

Ne vous étonnez pas si vous avez plus de difficulté à dormir que d'habitude les soirs de pleine lune, et suivez nos conseils pour passer de bonnes nuits et vous détendre.

C'est le moment de sortir le « kit » relaxation : bains et massages aux huiles essentielles, tisanes, homéopathie... à chacun sa solution, mais si vous êtes sujet aux troubles du sommeil en cette période, commencez votre cure une semaine avant le début de la pleine lune.

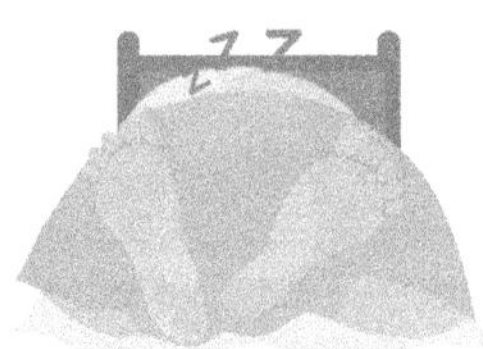

Êtes-vous luno-sensible ?

Pour découvrir si la qualité de votre sommeil est liée à l'activité de la lune, faites cet exercice très simple, qui demande un petit effort de patience, comme toute démarche de connaissance de soi.

Notez chaque jour dans un carnet l'heure approximative de votre endormissement, celles de vos réveils nocturnes et du réveil matinal, ainsi que la difficulté d'endormissement, la qualité de votre sommeil, si vous avez fait des rêves ou des cauchemars, et votre forme ressentie au réveil. Comparez ensuite au calendrier lunaire de la même période, et voyez s'il existe un rapport entre vos insomnies et les périodes de pleine lune.

Si vous êtes luno-sensible, portez une plus grande attention à la préparation de vos nuits pendant les quatre jours qui précèdent la pleine lune et suivez les conseils suivants :

- Dînez léger et sans alcool.
- Favorisez les activités calmes en soirée, arrêtez tout travail intellectuel ou activité sur écran au moins 1 heure avant d'aller dormir.
- Faites l'obscurité totale dans votre chambre.
- Massez-vous le plexus solaire une demi-heure avant le coucher avec de l'huile essentielle de camomille noble (ou romaine) et respirez-la à même le flacon au moment de vous endormir.
- Demandez à votre conjoint de vous faire un bon massage des pieds aux huiles essentielles pour vous relaxer le corps tout entier.

L'ASTUCE EN +

Massage relaxant/sédatif nerveux à la camomille
Un massage effectué en lune décroissante aura un effet relaxant. Pour le rendre plus efficace, versez dans 1 c. à c. d'huile végétale 4 gouttes d'huile essentielle de camomille pour un enfant et 6 gouttes pour un adulte. Appliquez-en quelques gouttes sur la voûte plantaire, le plexus solaire, l'intérieur des poignets, les tempes et le long de la colonne vertébrale.

7 remèdes naturels contre l'insomnie

Vous avez du mal à trouver le sommeil ou êtes réveillé(e) en pleine nuit et n'arrivez pas à vous rendormir ? Infusion de plantes, huiles essentielles... Voici quelques remèdes naturels efficaces à avoir sous la main.

La passiflore : pour la relaxation

Réputée pour ses vertus relaxantes, la passiflore peut vous aider à résoudre vos troubles du sommeil. Par ailleurs, cette magnifique plante permet de réduire la tension cardiaque et l'anxiété.

- **En tisane :** laissez infuser l'équivalent d'1 c. à c. de plante séchée dans 1 tasse d'eau bouillante pendant 6 à 10 minutes. Buvez 1 tasse avant le coucher, nature ou avec 1 c. à c. de miel.
- **En homéopathie :** Passiflora incarnata 4CH, 5 granules au coucher à laisser fondre sous la langue.
- **En teinture mère :** versez 20 gouttes de teinture de valériane et 20 gouttes de teinture de passiflore dans un verre d'eau, à boire le soir au coucher jusqu'à amélioration des symptômes.

La lavande : pour une profonde détente physique et mentale

Certaines huiles essentielles comme la lavande vraie (*Lavandula angustifolia*, lavande vraie) contiennent des molécules psychotropes qui peuvent favoriser l'endormissement. Idéal pour un sommeil récupérateur.

- **Par voie olfactive :** avant de dormir, déposez quelques gouttes d'huile essentielle de lavande sur votre taie d'oreiller.
- **Par voie orale :** déposez 2 gouttes d'huile essentielle de lavande sur un comprimé neutre ou dans 1 c. à s. d'huile d'olive et laissez fondre en bouche après le dîner. Renouvelez au coucher.
- **En massage :** appliquez en légère onction de l'huile essentielle de lavande sur les tempes, les poignets et le plexus solaire le soir au coucher.

MON HUILE DE MASSAGE DÉCONTRACTANTE À L'HUILE ESSENTIELLE DE LAVANDE

Mélangez 10 gouttes d'huile essentielle de lavande vraie à 1 c. à c. d'huile végétale (type amande douce). Prenez le temps d'effectuer un long massage dans une atmosphère sereine et tamisée pour une profonde relaxation mentale et physique.

La valériane : un somnifère naturel

Si vous cherchez une tisane qui vous fera dormir à coup sûr, optez pour la valériane. Son goût est particulier, mais ses propriétés sédatives sont très puissantes. Respectez scrupuleusement les dosages conseillés. Une infusion de valériane après le dîner vous aidera à retrouver un sommeil réparateur.

Attention : les chats en raffolent ! Il existe un risque d'accoutumance chez l'homme également. Ne pas utiliser la valériane plus de 8 jours d'affilée.

- **En tisane :** utilisez 2 à 3 g de poudre par tasse d'eau bouillante. En cas d'insomnie, buvez-la 30 minutes avant le coucher. En cas de nervosité, buvez-en 4 à 5 tasses par jour.
- **En homéopathie :** Valeriana officinalis 4CH : 5 granules au coucher.
- **En teinture mère :** versez 20 gouttes de teinture de valériane et 20 gouttes de teinture de passiflore dans un verre d'eau. À boire le soir au coucher jusqu'à amélioration des symptômes.
- **En bain :** faites infuser 100 g de racines séchées dans 2 litres d'eau bouillante et ajoutez à l'eau bien chaude de votre baignoire.

La camomille : pour un sommeil réparateur

Vous êtes souvent stressé(e) et vous avez beaucoup de mal à vous détendre avant de vous endormir ? La camomille romaine est tout indiquée. C'est une plante qui, en usage interne, soigne le stress, l'anxiété, l'angoisse et lutte contre l'insomnie.

- **Par voie orale :** posez 1 goutte pure d'huile essentielle de camomille romaine sous la langue vers 18 heures et au coucher.
- **Par voie olfactive :** vous pouvez aussi respirer l'huile essentielle au moment du coucher après en avoir appliqué 2 gouttes à l'intérieur du poignet.

Le tilleul : en cas de sommeil agité

Si vous avez tendance à vous retourner longtemps dans vos draps avant de trouver le sommeil, le tilleul est votre allié !

- **En infusion :** laissez infuser l'équivalent d'1 c. à c. de plante séchée dans 1 tasse d'eau bouillante pendant 6 à 10 minutes. À boire nature ou avec 1 c. à c. de miel, à raison d'1 tasse avant le coucher. L'infusion des fleurs de tilleul favorise l'apaisement et agit contre l'insomnie. N'hésitez pas à vous en préparer en pleine nuit si vous n'arrivez pas à vous rendormir.

- **En bain :** mettez une poignée de tilleul dans un sachet perforé et laissez infuser dans le bain. Plongez dans l'eau bien chaude le soir avant le coucher et restez-y 20 bonnes minutes.

À noter : les fleurs de tilleul doivent être conservées dans une boîte en métal à l'abri de la lumière, de l'air et de la chaleur.

La mélisse : contre l'agitation nocturne

La mélisse, ou citronnelle, aide au bon équilibre du système nerveux. Elle favorise le sommeil en permettant le retour au calme.

- **En infusion :** mettez 1 c. à s. de feuilles de mélisse dans un bol, puis versez l'eau bouillante. Laissez infuser 10 minutes. Vous pouvez aller jusqu'à 3 tasses par jour ponctuellement. Cette tisane est agréable à n'importe quel moment de la journée.

Contre-indications : il faut éviter l'usage prolongé de la mélisse car elle freine l'activité des glandes sexuelles. De plus, en raison de son effet sédatif, il est dangereux de consommer cette plante avant de conduire.

L'aubépine : pour diminuer le stress et les palpitations

L'aubépine est une plante aux vertus sédatives. Elle diminue le stress, tout en favorisant le sommeil. Elle est souvent associée à la valériane dans le traitement des troubles mineurs du sommeil.

- **En infusion :** utilisez 2 c. à s. par litre d'eau et laissez infuser 10 minutes. Filtrez. À boire 2 ou 3 fois par jour.

Pleine lune : le moment du bilan

Mais la pleine lune n'est pas uniquement synonyme de nervosité et d'insomnie. La pleine lune est propice aux bilans, et à ce que j'appelle le renoncement positif : laisser de côté ce qui ne nous sert plus, ce qui n'a plus sa place dans notre vie. Elle offre aussi un sursaut d'énergie plus ou moins grand pendant les 24 à 48 heures qui la précèdent et la suivent.

LE RENOUVEAU DE LA NOUVELLE LUNE

La nouvelle lune marque un début, un renouveau : c'est un bon moment pour clarifier ses intentions, se donner des objectifs ou des buts pour les mois qui viennent.

L'ASTUCE EN +

La phase de nouvelle lune annonce une période d'énergie. Elle est aussi synonyme de nouveaux départs. On prépare le futur sur de bonnes bases. On sème avant la récolte...

L'une des conséquences les plus répandues de la nouvelle lune, c'est qu'elle fragilise les personnes qui y sont réceptives. Si c'est votre cas, vous risquez de vous sentir nerveux, angoissé, ou même de mal dormir, sans aucune raison apparente. Inutile de vous prendre la tête pour essayer de comprendre ce qui vous arrive... c'est probablement l'effet de la nouvelle lune !

Pour le savoir, soyez juste attentif ces prochains mois : si ce malêtre se manifeste toujours à la même période, vous saurez à quoi vous en tenir ! Il s'agit alors de prévenir ces états désagréables : pour cela, soignez particulièrement votre alimentation, et ménagez-vous des moments de détente et de relaxation chaque mois pendant cette période.

À TÉLÉCHARGER

Un exercice de relaxation simple, pour vous détendre en quelques minutes. Rendez-vous vite sur la page **http://quotidienmalin.com/lune** ou scannez ce code

À la nouvelle lune, prenez des bonnes résolutions

La nouvelle lune est une excellente configuration pour prendre de bonnes résolutions et repartir sur de bonnes bases. Faites une petite liste et essayez de vous y tenir !

Par exemple, profitez de la nouvelle lune pour arrêter de fumer ou perdre une mauvaise habitude.

MON BAIN AU CLAIR DE LA LUNE

Lorsque vous rentrez épuisé nerveusement de votre journée de travail, rien ne vaut un bon bain relaxant. Profitez-en pour vous initier à l'aromathérapie. Diluez 3 à 6 gouttes de votre huile essentielle préférée

comme la lavande, la camomille romaine ou l'ylang-ylang dans une base pour bain et versez le mélange dans votre baignoire remplie d'eau chaude au dernier moment. Glissez-vous dans l'eau et respirez profondément. Détendez-vous... Ne vous rincez pas afin de garder les bienfaits des huiles essentielles toute la nuit.

Ingrédients et matériel : huiles essentielles, un récipient en verre ou en faïence, une cuillère en bois pour mélanger.

BASE NEUTRE POUR BAIN

Disponible en pharmacie ou dans certaines boutiques spécialisées dans le bien-être ou l'aromathérapie, cette base permet de solubiliser les huiles essentielles dans l'eau.

Bain relaxant aux agrumes et à la lavande

Vous ressentez le stress de la pleine lune ? Profitez d'un bon bain pour vous relaxer. Diluez dans l'eau du bain 5 gouttes d'huile essentielle d'orange, 5 gouttes d'huile essentielle de bergamote et 5 gouttes d'huile essentielle de lavande. Plongez-vous avec délice dans ce bain pendant 15 minutes.

Bain aromatique spécial méditation à la bergamote

La lune descendante est la meilleure période pour ce bain.
Faites couler votre bain à la température que vous aimez. Dans le récipient, versez l'équivalent de 3 c. à s. de sel de bain et ajoutez

5 gouttes d'huile essentielle de myrrhe et 5 gouttes d'huile essentielle de cèdre. Mélangez à l'aide d'une cuillère en bois, puis versez le tout dans le bain déjà coulé. Plongez-y et restez-y 20 à 30 minutes.

Bain zen total à l'encens

La pleine lune est la meilleure période pour ce bain.
Faites couler votre bain à la température souhaitée. Dans le récipient, versez 3 c. à s. de sel de bain d'Epsom et ajoutez 7 gouttes d'huile essentielle d'encens et 3 gouttes d'huile essentielle de verveine exotique (Litsée citronnée). Mélangez à l'aide d'une cuillère, puis versez le tout dans le bain coulé. Évincez toute source de perturbation (téléphone, bruit,...). Barbotez dans ce bain 20 bonnes minutes.

Bain pleine lumière

Les soirs de pleine lune sont le meilleur moment pour ce bain.
Faites couler votre bain à la température idéale. Dans le récipient, versez 3 c. à s. de sel de bain d'Epsom et ajoutez 7 gouttes d'huile essentielle de santal. Mélangez à l'aide d'une cuillère, puis versez le tout dans le bain.

Bain Cléopâtre à la rose

La lune décroissante est la meilleure période pour ce bain.
Faites couler votre bain à température idéale. Dans le récipient, versez 3 c. à s. de sel de bain d'Epsom et ajoutez 8 gouttes d'huile essentielle de rose et 2 gouttes d'absolue de jasmin. Mélangez, puis

versez le tout dans le bain. Plongez-y pour 20 bonnes minutes. Ne vous rincez pas.

Bain nuit d'abandon à la marjolaine

Les soirs de pleine lune sont le meilleur moment pour ce bain.
Pour en finir avec les réveils nocturnes qui vous laissent épuisée au matin !
Faites couler un bain assez chaud pour ouvrir les pores de la peau. Dans le récipient, versez 3 c. à s. rases de sel de bain, ajoutez 5 gouttes d'huile essentielle de marjolaine et 5 gouttes d'huile essentielle de lavandin. Mélangez avec une cuillère en bois, puis versez le tout dans le bain. Plongez-y 30 minutes avant le coucher. Ne vous rincez pas. Séchez-vous, et au lit !

L'ASTUCE EN +

Bains de lune

C'est la pleine lune. Pourquoi n'iriez-vous pas vous promener après le dîner ? Sa lumière agit favorablement sur notre métabolisme et notre production d'hormones. En cas de blues, essayez les « bains de lumière » nocturne.

Bain sourire intérieur à l'angélique

La nouvelle lune est la meilleure période pour ce bain.
Pour une journée tout sourire ou une nuit de beaux rêves !
Faites couler votre bain à une température confortable. Dans le récipient, versez 3 c. à s. rases de sel de bain et ajoutez 5 gouttes d'huile essentielle d'angélique et 5 gouttes d'huile essentielle de

citronnelle. Mélangez, puis versez le tout dans le bain. Plongez-y 15 minutes le matin ou 30 minutes en soirée.

Bain retour aux sources au vétiver

La lune descendante est la meilleure période pour ce bain.
Pour vous sentir de nouveau un enfant de la Nature !
Faites couler un bain assez chaud pour ouvrir les pores de la peau. Dans le récipient, versez 3 c. à s. rases de sel de bain et ajoutez 3 gouttes d'huile essentielle de vétiver et 2 gouttes d'absolue d'oranger. Mélangez, puis versez le tout dans le bain. Barbotez-y 20 minutes le soir avant le coucher.

MES TISANES DÉTENTE

Les plantes peuvent vous aider à vous détendre et à retrouver le sommeil naturellement. Tentez l'expérience des tisanes pour mieux dormir et échapper aux anxiolytiques ou somnifères. Pour être efficaces, elles doivent être bues au moins 2 heures avant le coucher. Pour vous assurer de leur provenance et de l'absence de pesticides, achetez-les de préférence en pharmacie, en herboristerie ou dans un magasin de produits diététiques. Si vous avez un jardin et que les conditions s'y prêtent, vous pouvez les cultiver.

- **Les plantes calmantes pour vous préparer à dormir (à boire après le dîner) :** aubépine, houblon, mélisse, lavande, fleur d'oranger, aubépine, verveine.
- **Les plantes sédatives pour vous faire dormir (à boire au coucher) :** tilleul, escholtzia ou pavot de Californie, passiflore,

camomille, aspérule odorante et, pour les plus courageux, la valériane, très efficace, mais qui a une odeur et un goût très particuliers. Le millepertuis est également très puissant, mais il est préférable de demander conseil à votre médecin avant de l'utiliser, car il présente des contre-indications.

Buvez au moins 3 tasses par jour en commençant plusieurs jours avant la pleine lune.

Tisanes calmantes à la mélisse et à l'escholtzia

La mélisse peut vous aider à garder votre calme : laissez infuser, pendant 10 minutes, 2 c. à c. de feuilles sèches dans une tasse et buvez le soir avant de dormir.
Vous pouvez aussi faire infuser 1 c. à c. de fleurs et feuilles d'escholtzia dans la vapeur d'une tasse chaude pendant 15 minutes. Buvez-en 3 tasses par jour.

Tisane calmante au basilic

Efficace et rapide à préparer, voici une tisane qui facilite digestion et détente.
Mettez 3 ou 4 feuilles de basilic au fond d'une tasse, de l'eau frémissante, laissez infuser 5 minutes, filtrez, buvez 1 tasse après chaque repas.
Si vous préférez le basilic sous forme d'huile essentielle, mettez-en 2 ou 3 gouttes dans 1 c. à c. de miel que vous diluerez dans 1 tasse d'eau chaude.

Tisane relaxante de Séléné

Séléné est la déesse grecque de la pleine lune et des solutions. Buvez 2 tasses de cette tisane relaxante. Vous retrouverez bonheur et sérénité.
Faites bouillir 2 tasses d'eau. Hors du feu, ajoutez ½ c. à c. de feuilles de citronnelle, ½ c. à c. de fleurs de camomille, ½ c. à c. de fleurs de lavande, ¼ de c. à c. de feuilles ou fleurs de passiflore. Couvrez et laissez infuser 5 à 10 minutes. Filtrez. Ajoutez du miel ou du citron selon votre goût et dégustez lentement. Cette tisane se boit aussi glacée, elle est délicieuse en toute saison.

Tisane relaxante à la camomille

Mettez 1 c. à s. de fleurs de camomille dans une tasse, versez l'eau frémissante, et laissez infuser 10 minutes. Buvez-en plusieurs tasses par jour.

Tisane orange cocooning

Faites chauffer 200 ml d'eau de source avec 1 pincée de cumin en poudre et les zestes d'1 orange bio. Couvrez et retirez du feu au premier frémissement. Laissez infuser 5 minutes puis versez en filtrant le contenu de la casserole dans votre tasse et complétez avec 20 ml d'eau florale de camomille romaine. Sucrez légèrement si vous le souhaitez. C'est prêt ! Buvez-en 2 à 3 tasses les jours de stress intense.

L'ASTUCE EN +

L'eau lunaire anti-insomnies

Tous les matins, buvez à jeun un grand verre d'eau lunaire (voir les bienfaits et la recette page 186). Avant de prendre un somnifère, essayez cette eau de lune, vous serez sans doute surpris du résultat.

L'ASTUCE EN +

Les personnes nées sous un signe d'eau sont beaucoup plus sensibles aux nuits de pleine lune. Pour bien dormir, il suffit de déposer un baquet rempli d'eau entre la fenêtre et le lit, lequel captera les rayons de la lune. Changez l'eau chaque nuit.

LUNE ET ÉNERGIE : LE PLEIN DE VITALITÉ !

Sur le plan de la forme, la lune croissante permet de recharger les batteries alors que la lune décroissante vous permettra d'éliminer (toxines, kilos, déchets...).

Vous risquez donc d'être fatigué en lune décroissante, et plein d'énergie et d'entrain en lune croissante. De même, vous risquez d'être fatigué les 2-3 jours précédant la nouvelle lune, et en pleine forme à la pleine lune.

Lune décroissante : n'attendez pas d'être mal luné pour faire quelque chose pour votre moral !

Pour lutter contre la fatigue qui peut survenir avant la nouvelle lune et en lune décroissante :

- Buvez beaucoup d'eau et des infusions de cassis,
- Veillez à dormir suffisamment,
- Faites un minimum d'exercices physiques,
- Prenez de la vitamine C naturelle (mieux assimilée par l'organisme et non additionnée de caféine).
- Bichonnez-vous avec des massages et des bains aux huiles essentielles. En lune croissante et montante, les massages seront énergisants.

Bain au romarin

Vous vous sentez flagada ? Raplapla ? Prenez un bain au romarin pendant 15 minutes : 3 gouttes d'huile essentielle de romarin dans 1 c. à s. de lait en poudre, le tout dispersé sous le robinet.

Massage revigorant

Pour gagner en vitalité, appliquez 2 gouttes d'huile essentielle d'épinette noire ou de pin sylvestre sur les reins sous la douche ou tout de suite après la douche pendant 8 jours en lune croissante. Cela booste le dynamisme.

Massage énergisant (fatigue physique)

L'huile essentielle de pin sylvestre est souveraine pour vous requinquer au sortir de l'hiver. Versez 4 à 6 gouttes dans ¼ de c. à c. d'huile végétale. Massez-vous ou faites-vous masser les pieds avec ce mélange.

Massage énergisant (fatigue psychique)

Manque d'entrain, manque d'envies ou petit coup de blues ? Mélangez 2 gouttes d'huile essentielle de menthe bergamote avec 6 gouttes d'huile végétale de calophylle. Massez-vous le bas du dos et le plexus solaire avec ce mélange, matin et soir, pendant 10 jours.

Massage dynamisant

Un petit coup de mou ? Un massage réalisé en lune croissante et montante vous donnera la pêche ! Massez-vous ou faites-vous masser le long de la colonne vertébrale avec un mélange composé de 5 gouttes d'huile essentielle de bois de rose dans 1 c. à c. d'huile végétale (type calophylle ou amande douce).

Massage tonifiant

Vous êtes complètement KO ? En lune croissante et montante, c'est le moment de vous faire masser avec ce mélange énergisant. Ajoutez à 4 ml d'huile végétale de noisette, 1 ml de ces 3 huiles essentielles mélangées : épinette noire, laurier noble et ravintsara.

Faites-vous masser le corps entier avec un peu de ce mélange en insistant sur la zone des reins. Effet énergisant assuré !

Des fruits pour la ligne, la vitalité et la bonne humeur !

Les fruits renferment peu de calories et beaucoup de vitamines, de fibres et d'autres nutriments protecteurs. Profitez-en !

- Les agrumes (citron, orange, clémentine...) : riches en vitamine C.
- La banane : excellente source de potassium, elle est anti-rétention d'eau.
- Les fruits rouges : au top pour les vitamines, les fibres et les polyphénols. Ce sont les fruits les moins caloriques.
- Les fruits jaunes, orange et rouges : ils sont riches en bêta-carotène.

Et on en passe et des plus mûrs ! TOUS les fruits sont intéressants pour la santé. Alors, variez les plaisirs !

Smoothie Belka et Strelka : un plein de vitamines !

Dans votre blender, mettez vos fruits dénoyautés : abricots, cerises, framboises, mûres, figues, melons, pêches, prunes, raisins, etc., au choix. Ajoutez éventuellement de la glace pilée et régalez-vous en vous faisant du bien.

Ma salade top vitaminée (pour aller marcher sur la lune !)

Ingrédients : 200 g d'ananas frais, 100 g de mâche, 200 g de carottes, 20 g de pistaches, 10 g de baies de goji, 7 cl de jus d'orange frais, 3 c. à s. d'huile d'olive, sel, poivre.

Plongez les baies de goji dans de l'eau chaude pendant 15 minutes pour les réhydrater. Coupez l'ananas en dés. Pelez et râpez les carottes. Mélangez le jus d'orange et l'huile d'olive, assaisonnez cette vinaigrette à votre goût. Mélangez délicatement tous les ingrédients sans écraser la mâche, arrosez de sauce au dernier moment et servez aussitôt.

Du poisson pour voir la vie en rose

Si vous avez un petit moral, voire une humeur de dogue, que le moindre bruit vous rend fou, si vous vous sentez nul(le), moche, gros(se), sans avenir, bref, que vous oscillez entre déprime et dépression, il y a toutes les chances pour que vos stocks d'oméga-3 soient vides...
Prenez des oméga 3, car :

- Ils sont anti-inflammatoires (l'inflammation entre dans le processus de la dépression),
- Ils améliorent la transmission des neurotransmetteurs (substances de la joie de vivre) d'un neurone à l'autre,
- Ils sont fragiles, rares (pour qui ne consomme pas de poisson gras), et donc manquent à l'appel dans de nombreux cerveaux occidentaux. Le stress accentue notre déficit. Un cercle vicieux qui, associé à d'autres facteurs, peut mener à la dépression.

MON HIT-PARADE DES ALIMENTS DE L'HUMEUR

Vous le croirez ou non, mais certains aliments boostent l'humeur et d'autres la sapent (c'est le cas de tous les aliments industriels, privés de nombreux nutriments essentiels). Au hit-parade des aliments bons pour le moral :

Les haricots. Plus vous en mangerez, plus vous serez de bonne humeur ! Les haricots sont riches en vitamines B, bien connues pour leurs effets régulateurs de l'humeur. Ils contiennent aussi beaucoup de glucides, de magnésium, de fer, de zinc et de fibres, et surtout des protéines végétales.

Le brocoli. En en consommant plusieurs fois par semaine, vous êtes assuré(e) d'avoir votre dose de vitamines A, B et C, et de minéraux, notamment du calcium et du magnésium, les minéraux régulateurs de l'humeur.

Les oranges, les pommes, les bananes, bourrées de vitamines.

Le saumon (et autres poissons gras), les sardines, l'huile de colza et les noix apportent des oméga-3, excellents pour l'équilibre émotionnel.

Le chocolat. Avec sa teneur élevée en magnésium, il recharge les stocks de ce minéral antistress.

Chapitre 3

Votre beauté avec la lune

La lune a le pouvoir de stimuler, d'apaiser ou de régénérer tout ou partie de votre corps selon le moment de sa lunaison. Chevelure, visage, mains et pieds, rondeurs à gommer et tonicité à retrouver : la lune est une partenaire idéale pour retrouver plaisir à prendre soin de vous. Si vous avez envie de vous faire belle chez vous avec des produits naturels, la lune est l'inspiratrice qu'il vous faut ! Si vous voulez décupler les résultats de vos efforts, bichonnez-vous avec le calendrier lunaire.

VOS SOINS AU RYTHME LUNAIRE

Depuis la nuit des temps, les femmes se sont toujours servies des plantes pour rehausser leur beauté avec des préparations saisonnières à base de plantes cueillies et utilisées en fonction des phases lunaires.

L'impact de la lune est maximal si vous utilisez des produits d'origine végétale : chacune des phases lunaires donne tour à tour l'impulsion pour augmenter l'efficacité d'un soin à base d'huiles essentielles. Appliquer les bons produits au bon moment améliore considérablement le résultat final, surtout si vous voulez constater rapidement le fruit de vos efforts.

Laissez-vous initier aux mystères de notre astre nocturne, et décuplez votre pouvoir de séduction grâce à la lune ! Voici des recettes cosmétiques faciles à réaliser chez vous.

La beauté intérieure

L'état de la peau, des cheveux et des ongles sont des indices importants de votre état de santé général. N'oubliez pas de vous soigner de l'intérieur également : une nourriture saine, de l'exercice et de l'air pur contribuent à éliminer les véritables causes d'une peau pâle, grasse ou impure, d'ongles cassants ou de cheveux ternes et mous.

CHEVEUX

LE BON MOMENT

① Coupe

› Coupez vos cheveux à la pleine lune si vous voulez qu'ils poussent deux fois plus vite. L'idéal serait de pouvoir cumuler une pleine lune et une lune montante, ce qui reste assez rare. Mais d'autres dates sont aussi favorables.

› Coupez-les en lune croissante et montante pour qu'ils repoussent vite et soient plus dociles, plus faciles à coiffer.

› Coupez-les en lune décroissante (et si possible montante) s'ils ont tendance à fourcher, à tomber, s'ils sont fins, mous ou raplapla : leur chute sera ralentie et ils repousseront certes moins vite, mais plus épais et plus vigoureux. →

› Peu après la nouvelle lune, vous pouvez couper les pointes de vos cheveux, leur croissance se trouvera stimulée, accélérée.

② Soins

› Traitez vos cheveux secs en lune décroissante. Les masques pour les cheveux (application d'huile ou d'argile) sont en effet préférables à cette période afin que les produits traitants descendent bien dans les racines.

› Traitez les cheveux gras en lune croissante.

③ Teinture

› Colorez-vous les cheveux en lune croissante et descendante, et de préférence à une date proche de la pleine lune pour que la coloration prenne mieux et tienne plus longtemps. En effet, les colorations réalisées à la pleine lune sont plus régulières et les cheveux clairs s'éclaircissent encore.

La lune fait pousser les cheveux

La base des cheveux est irriguée par des vaisseaux sanguins miniatures qui les nourrissent et les oxygènent. Si la bonne santé des cheveux dépend de multiples facteurs (génétiques, hormonaux, nutritionnels et psychologiques notamment), leur croissance est aussi liée aux cycles lunaires, force d'attraction oblige. La pleine lune favorise en effet la vasodilatation des micro-vaisseaux sanguins. Elle augmente leur calibre et leur débit, boostant en même temps l'apport de nutriments dont les cheveux ont besoin pour pousser (en l'occurrence, les acides aminés, les vitamines et les minéraux).

L'ASTUCE EN +

Durant la pleine lune, beaucoup de salons de coiffure restent ouverts le soir parce que la pleine lune accélère la pousse du cheveu. Le meilleur moment pour couper vos cheveux est le soir, à la lune montante (entre minuit et 2 heures du matin).

Nos recettes pour de beaux cheveux

Shampoing tonique maison tous cheveux

Profitez de la lune descendante et décroissante, juste après la pleine lune, pour vous faire un shampoing tonique maison. Faites bouillir pendant 15 minutes quelques feuilles de buis dans 50 cl d'eau, filtrez. Battez 2 jaunes d'œufs avec 1 c. à s. de rhum, ajoutez l'infusion de buis et secouez. Mouillez la chevelure, appliquez le shampoing, massez, laissez agir 5 minutes et rincez à l'eau claire.

Shampoing sec

Si vos cheveux sont gras, tout plats et que vous n'avez pas le temps de vous faire un shampooing, appliquez du talc sur la racine des cheveux, laissez agir 2 minutes, frictionnez avec une serviette pour bien répartir, puis brossez longuement pour éliminer toute trace de poudre. Le talc aura absorbé l'excès de sébum, vous laissant une chevelure légère.

Démêlant tous cheveux

Pour pouvoir peigner aisément les cheveux rêches, cassants, secs ou épais et bouclés, appliquez un mélange d'eau et d'assouplissant liquide après le shampoing. Diluez fortement pour les cheveux fins, et concentrez davantage pour les cheveux épais et bouclés. Démêlez au peigne et rincez abondamment.

Masque capillaire fortifiant tous cheveux

Profitez de la lune descendante et décroissante, juste après la pleine lune, pour vous faire un masque capillaire fortifiant. Ajoutez 4 gouttes d'huile essentielle de thym à 4 c. à s. d'huile d'olive. Appliquez sur le cuir chevelu sec, gardez 1 heure, la tête entourée d'une serviette, avant de faire votre shampoing.

Shampoing aux huiles essentielles

Prenez un shampooing doux dans le commerce. Ajoutez dans le flacon 10 gouttes d'une huile essentielle parmi celles proposées dans le tableau ci-dessous, selon votre cas. Laissez poser ce shampoing amélioré 2 à 3 minutes avant de rincer.

PROBLÈME	HUILES ESSENTIELLES
Cheveux cassants	Camomille, lavande, santal, sauge sclarée
Cheveux fourchus	Bois de rose, santal
Cheveux gras	Bay Saint-Thomas, citron, cyprès, lavande, romarin, sauge sclarée
Cheveux normaux	Citron, géranium, lavande, romarin
Cheveux secs	Géranium, lavande, romarin, santal, ylang-ylang
Chute de cheveux	Citron, cèdre, genièvre, romarin, lavande, thym
Pellicules	Bay Saint-Thomas, bergamote, cèdre, lavande, romarin, tea tree, sauge sclarée, santal

→

PROBLÈME	HUILES ESSENTIELLES
Soins généraux des cheveux	Cèdre, géranium, lavande, romarin, sauge sclarée, ylang-ylang
Tonifiant du cuir chevelu	Bay Saint-Thomas, cèdre, camomille, citron, romarin, sauge sclarée, tea tree, ylang-ylang

Nos recettes anti-chute de cheveux

Coupez-les en lune décroissante pour ralentir leur chute.

Lotions anti-chute avant-shampoing

- Avant chaque shampooing, frictionnez le cuir chevelu avec du jus de cresson. Ce jus se prépare en laissant macérer plusieurs heures les feuilles de cresson (une bonne poignée) dans une casserole émaillée d'eau chaude. Ce tonifiant capillaire accélère la repousse des cheveux.
- Pour stimuler la repousse, essayez la décoction de sauge : mettez 50 g de feuilles sèches dans 50 cl d'eau froide. Faites bouillir 5 minutes, puis laissez infuser 10 minutes. Filtrez et ajoutez 50 cl de rhum. Versez dans une bouteille de verre. Appliquez cette lotion chaque matin en friction sur le cuir chevelu après avoir bien secoué le flacon.
- Vous pouvez aussi vous frictionner le cuir chevelu avec cette lotion : dans 1 litre d'eau-de-vie, laissez macérer 15 jours au soleil 60 g de racines d'orties et 60 g de romarin. Agitez tous les jours, filtrez. Efficace aussi sur les cheveux gras et les pellicules.
- L'huile essentielle de cèdre de l'Atlas peut aussi vous aider : massez votre cuir chevelu, 1 heure avant le shampoing avec 5 gouttes d'huile essentielle de cèdre (*Cedrus atlantica*). Rincez

avec du vinaigre de cidre ou du vinaigre d'alcool, à raison d'un bouchon par litre d'eau environ.

Shampoing anti-chute de cheveux

Ce soin naturel est à utiliser de préférence en période de lune descendante. À appliquer 1 fois par semaine en alternance avec un shampoing classique.
Dans un flacon pompe de 50 ml, versez 30 gouttes d'huile essentielle d'ylang-ylang et 10 gouttes d'huile essentielle de laurier. Finissez de remplir ce contenant avec votre shampoing neutre, vissez la pompe et mélangez le tout. Appliquez généreusement cette recette parfumée sur vos cheveux mouillés et massez votre cuir chevelu pendant 1 à 2 minutes. Rincez abondamment à l'eau claire, séchez et procédez au coiffage.

Cheveux fins

Coupez-les à la pleine lune ou en lune décroissante : ils repousseront avec davantage de volume.

Shampoing volumateur

Ce soin fait maison favorise la restructuration de vos cheveux tout en prenant soin de votre cuir chevelu. Nous vous conseillons d'utiliser ce shampoing durant la nouvelle lune pour un maximum d'efficacité.
15 minutes avant votre shampoing, traitez raie par raie votre cuir chevelu en appliquant un mélange de 3 gouttes d'huile essentielle de patchouli, 5 gouttes d'huile essentielle de laurier noble et ½ c. à c. d'huile végétale de jojoba. Massez et faites pénétrer

pendant 1 à 2 minutes, puis laissez poser 5 à 10 minutes. Faites ensuite votre shampoing avec une base lavante neutre et coiffez.

Masque au yaourt et à l'œuf

Juste après votre shampooing, appliquez 1 yaourt nature mélangé à 1 œuf entier sur les cheveux, laissez agir 10 minutes, puis rincez abondamment. Vos cheveux retrouveront du volume et de l'épaisseur.

Cheveux secs

Les soins pour les cheveux secs seront d'autant plus efficaces en lune décroissante.

Avant-shampoing nourrissant

Pour nourrir et hydrater vos cheveux, pensez à vous faire un masque au beurre de karité. Vous pouvez le laisser aussi agir toute la nuit sous une serviette, puis faire votre shampoing au matin.

Soin baume après-shampooing

Après le shampoing, sur cheveux secs ou humides, appliquez quelques gouttes d'huile d'olive en guise de baume nourrissant.

Démêlant

Préparez le mélange suivant : 1 jaune d'œuf battu, 1 c. à c. de glycérine, 1 c. à c. d'huile de ricin, 2 gouttes d'huile essentielle de romarin, 2 gouttes d'huile essentielle de lavande, puis ajoutez du lait en poudre jusqu'à obtenir une crème onctueuse. Après le shampoing, massez doucement les cheveux avec ce produit, peignez pour bien le répartir sur toute la chevelure, laissez agir 10 minutes, puis rincez à l'eau tiède.

Masque nocturne à l'huile d'olive

Massez 1 ou 2 fois par semaine vos cheveux avec de l'huile d'olive. N'en appliquez que sur les pointes si vos racines sont à tendance grasse. Laissez poser toute une nuit sous une serviette humide ou du Cellophane, puis procédez à un shampoing doux le lendemain matin.

Soin aux huiles essentielles

La nouvelle lune est la meilleure période pour cette recette. Dans un flacon pompe de 50 ml, versez 35 gouttes d'huile essentielle de petit grain bigaradier et 5 gouttes d'huile essentielle d'angélique. Finissez de remplir votre contenant avec de l'huile végétale de jojoba et mélangez en secouant le flacon. Appliquez mèche par mèche sur la longueur du cheveu sec ou humide sans toucher les racines. Massez doucement en insistant sur les pointes. Respectez un temps de pause d'au moins 10 minutes en enroulant une serviette de bain autour de votre tête. Lavez ensuite 1 à 2 fois vos cheveux avec un shampoing neutre ou à base végétale.

Masque nourrissant à l'avocat

Mélangez la chair d'1 avocat, quelques gouttes d'huile d'olive et 1 c. à s. de jus de citron. Appliquez sur l'ensemble de la chevelure et laissez poser 30 minutes avant le shampoing. Vos cheveux retrouveront ainsi densité, douceur et brillance.

Masque hydratant à l'œuf

Faites un masque avec 1 jaune d'œuf, 1 c. à s. d'huile d'olive et 1 c. à c. d'huile d'argan. Mélangez le tout et appliquez sur les cheveux. Laisser poser 20 minutes, puis procédez au shampoing.

Masque nutritif complet

Mélangez la chair d'1 avocat avec 1 jaune d'œuf et 1 c. à s. d'huile d'olive. Étalez cette préparation sur les cheveux humides. Massez bien pour en imprégner toute la chevelure et entourez les cheveux dans une serviette chaude. Laissez poser pendant 2 heures, puis faites un shampoing doux.

Cheveux gras

Traitez les cheveux gras en lune croissante pour plus d'efficacité.

Avant-shampoing anti-cheveux gras

Cette recette donnera de la légèreté et de la brillance à vos cheveux et permettra d'espacer le nombre de shampoings hebdomadaires. 15 minutes avant votre shampoing, versez dans un flacon pompe de 50 ml 20 gouttes d'huile essentielle d'arbre à thé et 10 gouttes d'huile essentielle de mandarine, puis remplissez le flacon d'huile végétale de jojoba. Fermez. Secouez. Répartissez l'intégralité de ce soin sur votre cuir chevelu, raie par raie. Massez au moins 2 minutes. Laissez poser un moment, puis lavez-vous la tête avec votre shampoing habituel à l'argile verte ou blanche.

Shampooings dégraissants

- Au savon d'Alep : si vous avez les cheveux gras, lavez-les avec du savon d'Alep liquide (en magasin bio) et rincez-les avec de l'eau vinaigrée.
- À l'essence de citron : ajoutez tout simplement 10 gouttes d'huile essentielle de citron dans votre flacon de shampoing habituel. Cela devrait vous permettre d'espacer vos shampoings d'1 ou 2 jours.
- Au rhassoul : le rhassoul est une terre argileuse particulièrement recommandée pour les cheveux gras car il les assainit et régule la production de sébum. Les cheveux normaux adopteront ce soin pour un effet soyeux, brillant et un démêlage facile. Pour le préparer, délayez la quantité de rhassoul souhaitée avec un peu d'eau chaude ou tiède. Vous pouvez l'utiliser en shampoing ou en masque capillaire. Ajoutez le jus d'½ citron dans la dernière eau de rinçage.

Masque à l'argile

L'argile absorbe l'excès de sébum. Diluez de la poudre d'argile dans de l'eau, mélangez jusqu'à obtention d'une pâte épaisse, massez-en le cuir chevelu, puis rincez abondamment et ajoutez quelques gouttes de vinaigre au dernier rinçage.

Soin au romarin

Si vous reprochez à vos cheveux de regraisser trop vite, voici un truc efficace et économique. Mélangez 3 gouttes d'huile essentielle de romarin à 1 c. à s. d'huile de jojoba et appliquez ce mélange le soir à la racine des cheveux en massant. Au matin, lavez vos cheveux. Vous apprécierez la sensation de fraîcheur et retrouverez des cheveux nourris, brillants, embellis qui graisseront moins vite.

Démêlant pour cheveux gras

Mélangez 2 c. à s. d'eau-de-vie, 1 c. à c. de miel liquide, 1 œuf battu, 2 gouttes d'huile essentielle de citronnelle, 2 gouttes d'huile essentielle de romarin et enfin du lait en poudre en quantité nécessaire pour obtenir une crème onctueuse. Massez doucement les cheveux avec ce produit, laissez agir 10 minutes puis rincez avec de l'eau tiède.

Masque au yaourt et au citron

Une astuce simple et très économique ! Il suffit de mélanger 1 yaourt et quelques gouttes de citron et d'appliquer cette préparation sur l'ensemble de votre chevelure. Laissez agir une dizaine de minutes, puis rincez. Ce masque, qui permet de lutter contre l'excès de sébum, aide votre cuir chevelu à retrouver son équilibre. C'est aussi un excellent moyen de lutter contre les pellicules.

Pointes sèches

Pour venir à bout des pointes sèches, rien de plus efficace que l'huile d'olive ou l'huile d'amande douce, à chauffer dans les mains avant d'appliquer sur les cheveux humides. Rincez bien ensuite.

Cheveux ternes

Rinçage au vinaigre blanc

Après chaque shampoing, ajoutez un peu de vinaigre blanc à votre dernière eau de rinçage. Vos cheveux, débarrassés du calcaire, retrouveront un brillant lumineux. Profitez-en pour finir le rinçage par un filet d'eau froide. Les écailles vont se resserrer et cela accentuera l'aspect brillant de la chevelure.

Rinçage au citron

Voici une astuce toute simple et peu onéreuse pour avoir des cheveux d'un brillant éclatant. Il suffit de terminer vos shampoings par un rinçage à l'eau citronnée. Pressez 2 citrons et ajoutez le jus à 1 litre d'eau tiède ou froide pour un maximum de brillance et refermer les écailles. Utilisez cette préparation comme eau de dernier rinçage après avoir effectué votre shampoing habituel. Le citron élimine tout ce qui ternit les cheveux (restes de démêlant, calcaire...) pour qu'ils retrouvent tout leur éclat.

Masque embellisseur à l'œuf et au rhum

Un masque à faire de temps en temps en lune décroissante pour fortifier et faire briller les cheveux : battez 1 jaune d'œuf avec 1 c. à s. de vieux rhum, appliquez sur les cheveux et laissez poser 5 minutes. Procédez à votre shampoing habituel, rincez avec une eau citronnée.

Cheveux abîmés

Soin actif à l'huile d'olive

Pour réparer les cheveux secs, cassants, fourchus et leur offrir un vrai masque de beauté efficace et peu onéreux, appliquez de l'huile d'olive sur votre chevelure. Enroulez ensuite vos cheveux dans une serviette chaude. Laissez agir durant au moins 1 heure, puis lavez vos cheveux avec un shampoing doux. Vos cheveux seront tout doux et réparés !

Lotion aux huiles chaudes

Mélangez 1 c. à s. d'huile de ricin et 1 c. à s. d'huile d'olive dans une petite casserole. Faites tiédir au bain-marie jusqu'à atteindre la température du corps. Ajoutez alors 5 gouttes d'huile essentielle de lavande, 5 gouttes d'huile essentielle de sauge sclarée et 5 gouttes d'huile essentielle de santal. Mélangez bien. Massez-vous le cuir chevelu avec tout ou partie de cette préparation et laissez poser sous une serviette chaude et humide pendant 20 minutes, puis procédez au shampoing habituel. Renouvelez l'opération avant chaque shampoing pour plus de résultats.

Lotion nourrissante au rhum

Mélangez 1 c. à c. d'huile d'argan et 1 c. à c. de rhum. Appliquez en massage sur les cheveux secs, le soir avant le coucher. Un mélange réparateur et nourrissant qui agit autant sur les cheveux que sur le cuir chevelu. Hum ! Et quelle bonne odeur toute la nuit !

Masque réparateur à l'œuf

Mélangez 1 ou 2 jaunes d'œufs (selon la longueur de vos cheveux) et 1 c. à s. d'huile d'olive et appliquez sur les cheveux en massant. Laissez agir 5 à 10 minutes, puis lavez avec un shampoing doux et rincez abondamment. Ce soin va nourrir vos cheveux en profondeur.

Masque fortifiant aux œufs et au rhum

Si vos cheveux sont tout flagadas, qu'ils manquent de peps, préparez un petit cocktail maison : mélangez 1 jaune d'œuf, 2 c. à s. d'huile d'olive et 2 c. à s. de jus de citron. Si vous en avez sous la main, n'hésitez pas à ajouter 1 c. à s. de rhum : il améliore l'odeur de la préparation et est aussi très revigorant pour les cheveux. Appliquez cette préparation sur le cuir chevelu et les cheveux en massant délicatement. Laissez agir quelques minutes, puis rincez abondamment. Vos cheveux, ainsi nourris, retrouveront tout leur éclat et leur vitalité.

Mayonnaise capillaire

Rien de tel qu'une petite mayo maison pour retrouver des cheveux soyeux et éclatants de santé.
Montez une mayonnaise au batteur avec 1 œuf entier + 1 jaune, ½ c. à s. de jus de citron et 1/2 tasse d'huile d'olive, d'avocat ou de sésame non raffinée jusqu'à obtention d'une mayonnaise bien ferme. Appliquez la préparation sur vos cheveux, en insistant sur les parties endommagées. Si vous avez le cuir chevelu gras mais les cheveux secs, cassants et fourchus, mettez-en uniquement sur les pointes. Enveloppez-vous la tête dans une serviette chaude et laissez agir 1 heure. Faites 1 ou 2 shampoings pour bien dégraisser les cheveux et rincez bien.
Cette recette permet 1 application sur cheveux longs, 2 sur cheveux mi-longs et 3 sur cheveux courts. Le reste de votre mixture pourra se conserver au réfrigérateur dans un bocal en verre.

Masque au miel

Pour nourrir et adoucir les cheveux fatigués, battez 2 œufs avec le jus d'1 citron et 2 c. à c. de miel. Appliquez ce masque en massant et laissez agir 5 à 10 minutes. Rincez abondamment.

Cheveux mous

Masque avant-shampoing

Battez 1 œuf avec 10 cl d'huile d'olive, ajoutez 20 g de poudre d'amandes et mélangez bien. Appliquez sur vos cheveux et laissez agir 15 minutes.

Pellicules

Pâte à l'aspirine

Faites dissoudre 2 comprimés d'aspirine dans un très petit fond d'eau tiède et frictionnez le cuir chevelu avec la pâte obtenue ou mélangez-la à votre shampoing et laissez alors poser 1 ou 2 minutes, rincez soigneusement et faites un second shampoing normal. Rincez abondamment.

Masque antipelliculaire

Mixez une douzaine de feuilles d'orties fraîches. Ajoutez 2 c. à s. d'huile d'olive. Mélangez soigneusement, puis appliquez ce masque sur vos cheveux en massant le cuir chevelu. Laissez agir une dizaine de minutes, puis rincez et faites votre shampoing habituel.

À TÉLÉCHARGER

Nos conseils de teintures au henné.
Rendez-vous vite sur la page
http://quotidienmalin.com/lune
ou scannez ce code

ÉPILATION

Les cycles de la lune jouent sur la repousse des poils comme des cheveux. Épilez-vous de préférence autour de la pleine lune ou juste après, en lune décroissante, si possible descendante : le poil repoussera beaucoup plus lentement, plus fin et moins dru.

L'ASTUCE EN +

Vous pouvez aussi frictionner la zone à épiler avec du jus de citron tous les jours à partir de la nouvelle lune, et cela pendant 2 à 3 semaines pour affaiblir l'ennemi : il tombera plus facilement et ne repoussera plus.

Mes astuces avant l'épilation

- Gommage : commencez par un gommage après une douche ou un bain chaud : les poils incarnés referont leur apparition et seront de ce fait plus faciles à éliminer.
- Talc : saupoudrez vos jambes, maillot, aisselles d'un peu de talc. L'arrachage de la cire sera moins douloureux. *Idem* si vous vous rasez. Le rasoir passera plus facilement et sera moins agressif pour la peau.

EXFOLIEZ, HYDRATEZ, ÉPILEZ : MA FORMULE MAGIQUE POUR UNE ÉPILATION IMPECCABLE

Pour une épilation impeccable et une peau au soyeux incomparable, exfoliez votre peau régulièrement. Vous éviterez ainsi que les poils repoussent sous la peau une fois affaiblis par l'épilation (poils incarnés). Pour ce faire, mélangez du sel fin dans du jus de citron jusqu'à obtenir une sorte de pâte à appliquer sur la peau en effectuant de petits mouvements circulaires. N'oubliez pas ensuite de nourrir votre peau avec un bon lait hydratant.

Une épilation au poil

Pour une sortie à la plage, une nouvelle petite jupe d'été ou le simple plaisir de se sentir douce, nous passons toutes par ce petit soin beauté, pas toujours des plus agréables. À vous de trouver la méthode qui conviendra à votre emploi du temps, à votre budget mais aussi à votre type de peau.

La cire chaude : un incontournable

La cire chaude se présente traditionnellement sous la forme de billes de résine à faire fondre. Elle est destinée à l'épilation des aisselles, des jambes et du maillot. Pour cette épilation, vous pouvez utiliser une casserole ou un appareil spécifique équipé d'un thermostat qui maintiendra la cire à la bonne température. Vous pouvez aussi profiter de l'engouement pour les épilations *home made* qui vont privilégier la praticité du produit et choisir un pot ou un roll-on à faire chauffer au micro-ondes, vendu avec ses bandes de tissu non tissé. Pensez également aux roll-on à réchauffage électrique qui gardent la cire à température constante. Il est essentiel de rester prudente, l'épilation à la cire chaude peut être source de brûlures sérieuses si elle est mal utilisée !

La cire froide : une épilation réussie en 10 minutes !

La cire froide vous séduira par sa facilité et sa rapidité d'utilisation. Vous avez oublié de vous épiler avant un week-end en amoureux ? 10 minutes dans la salle de bains et vous êtes parée ! Son principe d'action est semblable à la cire chaude, car il s'agit d'arracher le poil à la racine pour reculer sa repousse de 2 à 3 semaines. La cire froide s'achète et s'applique en bandelettes prêtes à l'emploi ; une aubaine pour les plus pressées !

On aime sa facilité d'emploi qui nous évite les brûlures disgracieuses et son prix économique. En effet, les bandes sont réutilisables plusieurs fois. Elle est cependant un peu moins efficace que la cire chaude ou la cire orientale, car elle n'arrache pas les poils les plus courts ou les plus fins. Elle est également un peu plus douloureuse que la cire chaude ; à ne pas conseiller aux plus douillettes !

L'épilation orientale : à vous les parfums d'ailleurs...

À l'origine, l'épilation orientale était réalisée maison à base d'eau, de sucre et de citron, formant ainsi un caramel brun, appliqué méticuleusement sur chaque zone à épiler. Désormais commercialisée toute prête, en bandes ou en pot, elle s'est imposée comme l'une des épilations les plus simples d'emploi.
Cette cire présente l'avantage de se rincer à l'eau et d'être très bien supportée par les peaux les plus sensibles. Elle adhère cependant moins bien aux poils que la cire chaude et est donc un peu moins efficace.

CIRE ORIENTALE

Mélangez 50 g de sucre en poudre et 15 cl d'eau dans une casserole, et faites caraméliser à feu doux. Ajoutez le jus d'½ citron et 1 c. à s. de miel. Arrêtez la cuisson dès que le mélange prend une jolie couleur dorée caramel. Vous pouvez conserver cette préparation 1 mois au réfrigérateur.

La méthode :

› Versez cette pâte sur un plan de travail (une assiette creuse fera l'affaire). Patientez quelques minutes pour ne pas vous brûler, puis malaxez la pâte tiédie avec les doigts de façon à en faire une boule dorée. →

› Étalez sur les zones à épiler (travaillez par toutes petites touches), en étendant le caramel dans le sens du poil le plus finement possible, laissez refroidir et durcir un peu, puis tirez sur la bande d'un coup sec, dans le sens inverse de la pousse des poils.
› Pétrissez à nouveau la pâte pour qu'elle soit souple et assez collante et répétez l'opération sur la zone suivante.
› Ne changez le caramel que lorsqu'il est trop dur ou au contraire trop mou et collant.

L'ASTUCE EN +

Si vous vous épilez vous-même à la cire, faites de petites bandes. Le bon geste ? Les retirer de bas en haut et à l'inverse du sens de la pousse. Serrez les dents et… tirez d'un coup sec ! Oui, ça fait mal. Il n'existe encore aucune astuce pour réduire la douleur due à l'épilation. Mais si vous n'êtes pas sûre de vous, rien ne vaut les mains expertes d'une esthéticienne, car vous risqueriez de casser le poil au lieu de le retirer dans son intégralité.

Irritations après épilation

Pour éviter les rougeurs, picotements et autres démangeaisons après vous être épilée, voici une astuce toute simple : utilisez une pierre d'alun (en parapharmacie ou magasin bio). Mouillez-la et appliquez-la après l'épilation ou le rasage. Ses vertus apaisantes

et calmantes vous feront un bien fou et éviteront les poils incarnés, les boutons et les rougeurs.

Rasage (hommes et femmes)

- **Avant :** préparez votre peau. Pour un rasage impeccable, appliquez une légère couche de bicarbonate avec vos mains humides sur la peau propre. Laissez sécher 3 minutes, puis rincez et essuyez. Vous serez étonné(e) de la facilité du rasage !
- **Pendant :** si vous n'avez ni mousse ni crème à raser, utilisez de l'huile d'olive en remplacement. Elle protégera votre peau de la même manière et permettra au rasoir de glisser tout en douceur.
- **Après :** soignez et apaisez en douceur. Pour arrêter les saignements, appliquez un peu d'huile d'olive ou de baume à lèvres directement sur la coupure. Pour apaiser votre peau, faites dissoudre 1 c. à c. de bicarbonate dans un peu d'eau tiède jusqu'à obtention d'une pâte et appliquez-la sur les zones irritées. Ou bien appliquez un peu d'huile végétale de calendula.

Sourcils

Épilation sans douleur

Qui a dit qu'il fallait souffrir pour être belle ? Voilà bien un adage d'un autre âge. L'épilation des sourcils n'a rien d'un supplice si l'on commence par les tamponner avec un coton imprégné d'alcool à 90 ° (attention aux yeux !). Laissez sécher avant d'user de la pince à épiler.
Une autre astuce pour neutraliser les terminaisons nerveuses temporairement consiste à appliquer un glaçon juste avant l'épilation. Le froid anesthésiera la zone et vous ne sentirez plus rien.

Sourcils bien ordonnés

Les sourcils bien dessinés assurent l'équilibre des traits du visage. Pour leur donner un joli tracé, utilisez une brosse de mascara épuisé de la couleur de vos sourcils, avec laquelle vous les peignerez en oblique et vers le haut. La brosse les disciplinera, le reste de mascara les colorera légèrement et les fixera.

L'ASTUCE EN +

Passez du baume à lèvres sur vos sourcils s'ils ont besoin d'être disciplinés, cela les lissera.

PEAU

Hydratez les peaux sèches en lune croissante et purifiez les peaux grasses en lune décroissante.

L'HORLOGE BIOLOGIQUE INTERNE ET LES SOINS COSMÉTIQUES

Les rythmes du soleil et de la lune ne sont pas les seuls qui ont une influence sur nous. Notre corps entier vit d'après des biorythmes. La peau aussi a son propre rythme biologique – comme pratiquement tous nos organes. Grâce à la chronobiologie, nous pouvons choisir le meilleur moment pour les soins de la peau et savoir quand utiliser tel ou tel cosmétique pour un maximum d'efficacité. La chronobiologie est donc un excellent complément du calendrier lunaire, car la peau réagit de manière différente selon l'heure de la journée. Le jour, elle se défend contre les agressions extérieures. La nuit, elle se régénère. →

Voici quelques conseils pour choisir vos produits cosmétiques en fonction de votre horloge interne :
Vers 8 heures : Renforcez les défenses naturelles de la peau en utilisant des crèmes hydratantes qui contiennent des vitamines C et E, comme dans les produits anti-âge.
Vers 13 heures : Le corps a besoin d'une pause. C'est le moment d'appliquer une crème relaxante antirides d'expression.
Vers 15 heures : C'est le moment où la peau est la moins sensible. Profitez-en pour vous épiler (notamment les sourcils).
Vers 16 heures : La petite baisse de forme du milieu d'après-midi se prête bien à l'utilisation de crèmes purifiantes et aux peelings en profondeur.
Vers 18-20 heures : C'est le début de la phase de repos, le bon moment pour vous faire un masque avant de vous coucher (si possible avant minuit, le sommeil étant le meilleur produit de beauté pour la peau). Les crèmes de nuit regénérantes sont conseillées pour potentialiser la réparation de la peau qui s'opère la nuit.

Lune décroissante : nettoyer et traiter les peaux grasses

L'efficacité des soins pour assainir la peau est à son comble en lune décroissante et descendante. Les pores de la peau se resserreront plus rapidement. La peau sera plus fine et plus ferme. C'est donc une période très propice pour purifier la peau. Procédez à un nettoyage en profondeur de la peau avec un bain de vapeur du visage ainsi qu'un gommage désincrustant et un masque à l'argile.

Lune croissante : nourrir les peaux sèches et mixtes

Au cours d'une phase lunaire croissante, le corps absorbe non seulement beaucoup mieux les médicaments, la nourriture, mais aussi les crèmes, masques et pommades, car les pores de la peau sont particulièrement dilatés et ouverts pour recevoir des soins.

Les peaux grasses devront au contraire éviter les soins trop riches qui étoufferont ou nourriront en excès l'épiderme : gare aux peaux luisantes et petits boutons qui en résulteraient ! Ayez la main très légère sur votre soin hydratant quotidien ! Vous avez peut-être remarqué que votre peau était plus grasse en lune croissante ? En effet, les glandes sébacées se font plus actives entre la pleine et la nouvelle lune. Les peaux à tendance grasse risquent donc de développer plus de boutons en début de cycle lunaire. Chez certaines femmes, l'éruption est spectaculaire, avec notamment de nombreux boutons sur le nez et le menton. Et si le début du cycle lunaire correspond au cycle menstruel, c'est pire !

Lune montante : booster les soins

C'est lorsque la lune est dans sa phase montante que la peau est la plus réceptive aux soins à visée reconstructive, nourrissante, raffermissante ou hydratante. C'est le moment propice pour lisser votre peau, nourrir votre épiderme et gagner en éclat. Cette phase lunaire va booster l'efficacité des masques et des soins.

À vous, les crèmes vitaminées, raffermissantes ou hydratantes ! Cela vaut la peine d'attendre le moment idéal pour que la peau absorbe au mieux les principes actifs des soins que vous lui prodiguerez.

C'est le moment d'hydrater et de nourrir les peaux sensibles et sèches. Pour aider à restaurer le film lipidique qui fait office de bouclier contre la plupart des agressions extérieures. La lune montante associée aux huiles essentielles appropriées favorise l'hydratation des peaux normales et permet de mieux matifier les peaux mixtes.

Lune descendante : apaiser les peaux agressées

Choisissez la lune descendante pour prendre soin de votre peau (visage, mains...) si elle a été malmenée par le soleil, le vent, le sel, le froid, ou par des produits particulièrement agressifs. Elle retrouvera ainsi douceur et confort. Retrouvez votre peau de bébé !

À la lune descendante, on observe aussi un phénomène de décroissance des problèmes cutanés. On le sait, l'astre nocturne influence le mouvement des marées (élément Eau). En décroissant, il peut aussi apaiser les phénomènes inflammatoires, les sensations de chaleur et les congestions inconfortables.

LES HUILES APAISANTES, CALMANTES ET ADOUCISSANTES

Si vous cherchez à calmer, apaiser ou adoucir, c'est lorsque la lune décroît progressivement que vous obtiendrez le meilleur résultat. Les huiles essentielles qu'il vous faut ? Petit grain bigaradier, néroli, rose, ylang-ylang, camomille romaine, et toutes les huiles végétales qui apaisent et adoucissent par nature : amande douce, calendula, jojoba, macadamia, rose musquée.

LES HUILES DRAINANTES ET PURIFIANTES

Si vous démarrez un traitement en lune descendante, utilisez des produits et des soins raffermissants à forte action circulatoire. Le résultat sera au rendez-vous car ils favorisent l'élimination des déchets et la phase lunaire soutient le nettoyage en profondeur. Son action, associée à celles des huiles essentielles drainantes et purifiantes, chasse les toxines installées dans les tissus. Les huiles essentielles de cèdre, cyprès, citron ou encore poivre noir sont particulièrement recommandées dans ce cas. Parfait pour lutter contre la cellulite !

Pleine lune : le temps du bilan

En cosmétologie naturelle, la phase de pleine lune est la période des premiers bilans obtenus. Plus vous aurez été régulière dans les soins, plus les bénéfices seront au rendez-vous. Vous pouvez décider de poursuivre sur votre lancée ou de réajuster vos soins en choisissant des huiles essentielles mieux adaptées.

Lors de la pleine lune, les soins végétaux ont une efficacité décuplée. Appliquez-les quotidiennement, voire 2 à 3 fois par jour. Bref, c'est le moment de persévérer ou bien de modifier votre programme beauté en introduisant de nouveaux produits ou des protocoles complémentaires.

Consultez vite nos astuces et recettes correspondant à votre type de peau.

VISAGE

Soins toutes peaux

Crème de beauté nature lactée

Si les crèmes de jour du commerce ne vous disent rien (on vous comprend !), essayez une version naturelle ! La pellicule de crème qui se trouve sur le dessus du lait entier (ou sous la capsule du lait en brique), c'est de la vitamine A à l'état pur, ou presque. Après la toilette, passez-en sur le visage : c'est excellent pour la peau ! Laissez pénétrer quelques minutes puis rincez.

L'ASTUCE EN +

Pour garder un teint frais et net toute la journée, placez votre crème de jour au réfrigérateur, effet glaçon garanti ! Grâce à cette fraîcheur, fini les poches sous les yeux, vous gardez un teint frais toute la journée et en même temps, les pores se resserrent. Pour éviter les changements de température, remettez bien votre crème au réfrigérateur après utilisation.

Démaquillants

Le démaquillage est essentiel pour laisser la peau respirer et se régénérer pendant la nuit. Voici donc plusieurs petites formules démaquillantes, de la plus simple à la plus élaborée, pour ne surtout pas louper cette étape incontournable du soin du visage :

- **Démaquillant SOS** : si vous n'avez pas votre démaquillant habituel, versez quelques gouttes d'huile d'olive sur un coton et appliquez sur les yeux, les lèvres et le visage. Ce démaquillant 100 % naturel enlève même les mascaras waterproof les plus tenaces. Il vous laissera la peau souple, douce, confortable et agréable au toucher.

- **Démaquillant tout doux** : dans un récipient, versez 1 volume de jus de citron, 1 volume de vaseline et 1 volume d'huile d'amande douce. Mélangez soigneusement pour obtenir une préparation homogène. Transvasez-la dans un flacon. Appliquez-la sur le visage puis ôtez-la à l'aide de cotons et recommencez jusqu'à ce que le dernier soit tout blanc. Ensuite, passez votre tonique maison (voir ci-dessous).
- **Démaquillant gourmand** : râpez 80 g de concombre bio et mélangez à 15 cl de lait dans une casserole. Portez à ébullition 4 à 5 minutes, puis laissez refroidir. Filtrez et versez dans une bouteille que vous conserverez au frais (8 jours maximum). Appliquez la préparation sur le visage, puis ôtez-la à l'aide de cotons jusqu'à ce que le dernier soit tout blanc. Passez ensuite votre tonique (voir ci-dessous).

Tonique

- **Citron** : après avoir bien démaquillé votre peau (le coton doit être impeccablement blanc), passez un autre coton imprégné de jus de citron dilué dans de l'eau (3 citrons pour 50 cl d'eau) sur le visage et le cou afin d'éliminer tout résidu de démaquillant et de resserrer les pores. Cela tonifie la peau et lui redonne tout son éclat !
- **Eau de rose** : en plus de son délicat parfum, elle a des vertus tonifiantes et désaltérantes pour la peau. Elle efface les marques de fatigue, nettoie et régénère la peau, elle assainit les peaux acnéiques et c'est en plus un antirides naturel. Appliquez-en sur un coton le soir après votre lait démaquillant.

Soins bonne mine

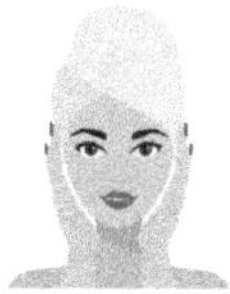

Masque bonne mine minute

Voici un masque simple et très peu coûteux pour redonner à votre peau beauté et vitalité. Mélangez 1 blanc d'œuf (pour l'effet tenseur), 1 c. à s. de miel liquide (pour activer la microcirculation) et 1 c. à s. de jus de citron (pour éclaircir le teint). Appliquez en évitant le contour des yeux. Laissez poser 15 minutes et rincez à l'eau. Effet bonne mine et teint frais garanti !

L'ASTUCE EN +

Pour avoir un joli teint, frais et lumineux, le secret est de se nettoyer de l'intérieur. Et pour cela, rien de tel que la cure de jus de citron. Tous les matins pendant 3 semaines, buvez le jus d'1 citron avec de l'eau tiède à jeun. En purifiant le foie, le citron purifie le teint. La différence se voit en 1 semaine : le teint devient plus clair et plus lumineux !

Cils glamour

Prenez 2 gouttes d'huile d'olive au bout des doigts et faites un massage des cils. L'huile d'olive les épaissit et favorise leur croissance. Le résultat sera vite visible si vous faites ce soin en lune croissante.

À TÉLÉCHARGER

D'autres soins du visage en cas de bouton de fièvre, couperose, eczéma, psoriasis, furoncles, lèvres gercées, taches pigmentaires, taches de rousseur, teint diaphane...

Rendez-vous vite sur la page

http://quotidienmalin.com/lune

ou scannez ce code

Bouche exquise

Il n'y a pas que le corps et le visage qui ont droit au gommage ! Les lèvres aussi ont des peaux mortes ! Étant donné qu'il s'agit de muqueuses fragiles, un gommage doux s'impose. Pour ce faire, mélangez 1 c. à s. de sucre dans 1 c. à s. de miel. Le sucre est un exfoliant naturel, tandis que le miel est adoucissant. Et, de grâce, de la douceur quand vous massez ! N'allez pas enflammer vos lèvres inutilement, le but étant de les soigner et non de les martyriser. Donc, dans un mouvement doux, faites un massage circulaire avec votre index puis rincez votre bouche.

Ensuite, hydratez-les avec un baume ou une crème riche hydratante. L'idéal est de le faire avant de vous coucher, vous aurez ainsi toute la nuit pour les régénérer... et vous vous réveillerez avec des lèvres sexy et douces !

L'ASTUCE EN +

La lune décroissante et la nouvelle lune sont les périodes idéales pour nettoyer la peau en profondeur. Profitez-en pour vous faire un nettoyage de peau en bonne et due forme.

À TÉLÉCHARGER

Votre nettoyage de peau maison
en 4 étapes, comme à l'institut.

Rendez-vous vite sur la page
http://quotidienmalin.com/lune
ou scannez ce code

Fumigations, gommages et masques

Pour nettoyer la peau en profondeur, rien ne vaut un bon bain de vapeur, suivi d'un gommage et d'un masque 1 fois par semaine (voire 2 fois, mais pas plus). Après votre soin habituel (peau démaquillée et nettoyée), faites votre choix parmi nos différentes recettes et n'oubliez pas d'hydrater juste après ! Un gommage assainit la peau mais enlève aussi la couche de protection de votre épiderme, il faut donc absolument la nourrir ensuite.

Étape 1

Fumigation à la lavande, au romarin et au thym

Faites-vous une fumigation aux plantes : mettez dans un bol 1 c. à s. de fleurs de lavande, 1 c. à s. de romarin, 1 c. à s. de thym et 20 cl d'eau bouillante. Restez 5 à 10 minutes au-dessus de ce bol, la tête recouverte d'une serviette. Séchez délicatement et embrayez sur un gommage et un masque spécifique pour votre type de peau.

Fumigation au citron

Appliquez pendant 10 minutes une couche fine de miel d'acacia sur votre visage, puis faites-vous une fumigation de 5 minutes : versez dans un bol 20 cl d'eau bouillante, le jus d'½ citron et 5 gouttes d'huile essentielle de citron. Rincez-vous avec de l'eau tiède citronnée. Ne vous exposez pas au soleil juste après (les agrumes sont photosensibilisants et risqueraient de laisser de vilaines marques sur votre peau).

L'ASTUCE EN +

Pour un soin complet, faites suivre ce sauna facial d'un gommage et d'un masque.

Étape 2

Gommage sucre et citron

Mélangez 2 c. à s. de sucre en poudre avec 3 c. à s. de jus de citron. Appliquez aussitôt cette préparation sur votre visage en petits massages circulaires et insistez particulièrement sur le front, le nez et le menton. Rincez abondamment à l'eau tiède et hydratez avec de l'huile d'olive ou du lait hydratant.

Gommage caféiné

Mélangez 1 c. à s. de marc de café et 1 c. à c. de miel et/ou d'huile d'amande douce. La peau du visage, plus fine et sensible que celle du corps, appréciera la douceur et le côté nourrissant de ces produits. Appliquez le mélange en massages légers et circulaires, laissez poser 1 ou 2 minutes avant de rincer à l'eau tiède et claire, puis hydratez avec de l'huile d'olive ou du lait hydratant, ou procédez à un masque de beauté.

Le 2 en 1 : masque et gommage peau nette

Pour les pressées, voici un masque 2 en 1 bien pratique pour éclaircir le teint et lutter contre les points noirs en deux temps trois mouvements.
Commencez par nettoyer le visage avec un produit doux, séchez sans frotter, puis appliquez 1 c. à c. de miel additionné du jus de 1 citron. Laissez poser 10 minutes, quitte à rajouter du miel ou

du citron à mi-parcours, en fonction de la tolérance de votre peau (le citron pique, le miel soulage).
Terminez par un gommage en ajoutant un peu de sucre au masque citron-miel (à renouvelcr sclon lc type de peau 1 fois par semaine ou toutes les 2 semaines). Du bout des doigts, massez l'ensemble du visage par petits mouvements circulaires. Rincez à l'eau tiède puis hydratez.

Étape 3

Masque désincrustant à l'argile (pour toutes les peaux)

Pour nettoyer en profondeur votre peau, rien de tel qu'un bon masque désincrustant. Mélangez ½ c. à s. d'huile d'olive, ½ c. à s. d'eau et 1 c. à s. d'argile. Appliquez cette préparation (au pinceau si vous voulez) et patientez en vous relaxant. Une fois le masque sec, rincez à l'eau tiède. Passez un coton imbibé d'eau de rose, puis votre soin hydratant préféré.

Soin des peaux sèches

Si vous avez la peau sèche, faites-vous un masque en lune croissante (et si possible montante), il sera plus efficace.
Pour apaiser et nourrir votre peau, choisissez parmi les soins ci-après en fonction de ce que vous avez dans vos placards.

Soin nourrissant quotidien

Si vous avez la peau sèche, appliquez en massage un peu d'huile d'olive sur le visage le soir au coucher.
Si vous avez quelques boutons, ajoutez à cette huile d'olive le jus d'½ citron.

Masque nourrissant à l'avocat

Mélangez la chair d'avocat avec 1 c. à s. de jus de citron. Ajoutez 2 c. à s. de crème fraîche. Appliquez ce masque sur le visage et le cou et laissez agir 20 minutes. Rincez. Attention, cette préparation ne peut être conservée. Utilisez-la juste après la fabrication.

Masque ultra-nourrissant à l'avocat et à l'huile d'olive

Écrasez la pulpe d'un avocat bien mûr dans 2 c. à s. d'huile d'olive. Mélangez bien et appliquez en couche régulière sur le visage et le cou. Laissez agir 10 minutes avant de rincer.

L'ASTUCE EN +

Pensez à recycler les avocats trop mûrs en masque ! Ils font de remarquables produits de beauté tant ils possèdent des propriétés hydratantes, cicatrisantes, adoucissantes et même antirides.

Masque adoucissant à la banane

Écrasez une banane épluchée bien mûre et mélangez sa chair avec 1 c. à c. d'huile d'amande douce et 1 c. à c. de miel d'acacia. Appliquez sur le visage et le cou et laissez agir 15 minutes avant de rincer à l'eau tiède.

Masque à l'œuf et à la crème fraîche

Battez 2 jaunes d'œufs avec 1 c. à s. de crème fraîche, ajoutez 1 c. à s. de miel d'acacia et 2 gouttes d'huile essentielle de géranium rosat. Appliquez ce mélange et laissez agir 20 minutes avant de rincer avec de l'eau tiède dans laquelle vous aurez ajouté le jus d'½ citron.

Masque nourrissant au fromage blanc

Mélangez 2 c. à s. de miel de thym ou de romarin, 2 c. à s. de fromage blanc (à 40 % de MG) et 2 c. à s. de jus de citron, appliquez sur le visage et laissez agir 20 minutes. Rincez avec de l'eau et du jus de citron dilué (pour resserrer les pores). La lune croissante renforcera l'effet de ce masque.

Masque express miel-amandes

Faites tiédir 15 cl de lait. Ajoutez 2 c. à s. de miel et 1 c. à c. d'huile d'amande douce. Étalez ce lait sur le visage à l'aide d'un coton, laissez poser 5 minutes puis rincez.

Soin des peaux sensibles, irritées

Lotion à la camomille apaisante pour peau sensible, irritée

Si votre peau tire, picote, appliquez sur votre visage un coton imbibé d'une infusion refroidie de camomille. Son action adoucissante vous fera un bien fou !

Exfoliant pour le visage extra-doux spécial peau sensible

Ajoutez 1 c. à c. de son d'avoine directement dans votre main, avec votre dose de savon ou de lotion micellaire. Frottez doucement en insistant sur le menton, le front, le nez et les zones à problèmes. Rincez bien à l'eau fraîche. Renouvelez 2 fois par semaine.

Masque yaourt-citron pour peau sèche, sensible, irritée

Appliquez sur votre visage 1 yaourt au lait entier dans lequel vous aurez préalablement mélangé 10 gouttes de jus de citron ou 1 goutte d'huile essentielle de citron. Laissez poser 7 à 10 minutes, puis aspergez le visage d'eau fraîche. Excellent quand votre peau est irritée, spécialement en cas de coups de soleil.

SOINS DU VISAGE AU CITRON

Plus belle grâce au citron ! Les vertus cosmétiques du citron ne datent pas d'hier. Pendant des siècles, les coquettes l'ont utilisé pour éclaircir leur teint, atténuer rides, taches et rougeurs, raffermir leur peau, adoucir leurs mains, renforcer leurs ongles et faire briller leur chevelure. En effet, le citron recèle de principes actifs intéressants pour prendre soin de votre beauté. C'est pourquoi il entre dans la formulation de produits de beauté de grandes marques, vendus à des prix exorbitants. Confectionnez vous-même vos secrets de beauté au citron et pomponnez-vous de la tête aux pieds. Garantis sans parabènes !
Purifiant, astringent, antiseptique, éclaircissant, tonifiant, cicatrisant et adoucissant, le citron a plus d'un tour dans son zeste pour s'occuper de notre peau.
Rappel : la lune décroissante est la meilleure période pour traiter les peaux grasses, c'est donc aussi la meilleure période pour utiliser le citron comme produit de beauté.

Soins des peaux mixtes et grasses à tendance acnéique

Le soin express quotidien

Si vous avez une tendance à l'acné, lavez-vous la peau matin et soir avec un pain dermatologique ou une eau micellaire et passez ensuite un coton imbibé d'eau tiède et de jus de citron (50/50) sur les zones à problème (la fameuse zone T : front, nez, menton).

La tiédeur de l'eau ouvre les pores, laissant le citron s'y faufiler pour assécher les boutons en profondeur et les faire disparaître. Laissez votre peau sécher quelques minutes, puis appliquez votre crème hydratante habituelle. Ce petit soin n'a l'air de rien mais il constitue déjà un vrai coup de pouce !

Démaquillant au citron

Le démaquillage est essentiel pour bien laisser la peau respirer et se régénérer pendant la nuit. Préparez un mélange à volume égal de jus de citron et d'eau de rose, puis passez cette lotion à l'aide d'un coton matin et soir pour garder une peau nette.

Tonique au citron

Après avoir bien démaquillé votre peau (le coton doit être impeccablement blanc), passez un coton imprégné de jus de citron sur le visage et le cou afin d'éliminer tout résidu de démaquillant et de resserrer les pores.

Lotion antiacnéique et matifiante pour peaux grasses

Appliquez des compresses imbibées de jus de citron et d'eau tiède sur les zones acnéiques et les parties de votre visage qui ont tendance à briller. La chaleur ouvrira vos pores et permettra au citron d'agir plus en profondeur. Laissez sécher quelques minutes avant d'appliquer votre crème hydratante.

Lotion anti-acné aux huiles essentielles

Pour lutter contre l'acné, préparez ce mélange malin : diluez 10 gouttes d'huile essentielle de lavande officinale (lavande vraie) ou d'arbre à thé dans 10 ml d'huile d'olive. Appliquez des compresses imbibées de cette préparation sur les zones concernées par les boutons d'acné. Renouvelez l'opération tous les jours. Vous verrez une amélioration au bout d'1 semaine environ.

Stick asséchant au citron

Pour désinfecter et faire disparaître plus rapidement boutons, comédons, kystes ou furoncles, badigeonnez-les d'huile essentielle de citron à l'aide d'un Coton-Tige. Renouvelez plusieurs fois par jour jusqu'à complète disparition.
Ou bien appliquez ½ citron sur le bouton pendant quelques minutes. Il séchera presque instantanément.

SOS BOUTON !

Au secours ! Un vilain bouton pointe son nez sur votre joli minois. Vite ! Appliquez dessus un peu d'argile verte pure, du jus de citron ou du vinaigre blanc plusieurs fois par jour afin de l'assécher au plus vite. Laissez l'argile verte poser toute la nuit (uniquement sur le bouton) : elle va littéralement absorber le bouton et l'exterminer en 1 ou 2 jours. Le citron et le vinaigre, eux, sont antiseptiques et astringents : ils vont entièrement assécher l'intrus.

Masque désinfectant spécial acné

Mélangez 2 c. à s. d'argile, le jus d'½ citron, 2 gouttes d'huile essentielle de menthe poivrée et 1 goutte d'huile essentielle d'arbre à thé. Appliquez en masque sur les zones à problème en évitant le contour des yeux. Laissez agir environ 10 minutes avant de rincer à l'eau tiède.

Masque à la tomate

Si vous faites une soudaine poussée d'acné, à cause du stress par exemple, un petit traitement coup de fouet d'1 semaine devrait faire du bien à votre peau et calmer les choses. Pour cela, faites confiance à la tomate ! Ce fruit (eh oui ! utilisé comme légume) riche en sels minéraux, en acide oxalique et en vitamines (provitamine A notamment), a une action nettoyante, anti-infectieuse et cicatrisante sur la peau. Idéal donc pour traiter l'acné.
Coupez 1 tomate bio en fines tranches et appliquez celles-ci sur vos boutons d'acné pendant une vingtaine de minutes. Rincez ensuite abondamment à l'eau claire et terminez le nettoyage avec un savon doux surgras pour préserver l'équilibre de la peau. Renouvelez l'opération chaque jour pendant 8 jours.

Traitement interne à la bardane

Si vous avez de l'acné, essayez la décoction de racine de bardane fraîche. Faites bouillir 40 g de racine dans 1 litre d'eau pendant 10 minutes. Laissez infuser, puis filtrez. Buvez 2 à 3 tasses par jour. Vous pouvez aussi vous servir de cette décoction comme d'une lotion que vous appliquerez sur les boutons.

Soin des peaux grasses

La lune décroissante est une excellente configuration pour un nettoyage en profondeur si vous avez une peau à tendance grasse.

Masque à l'argile

Versez 1 c. à s. d'huile de noisette sur 4 c. à s. d'argile verte en poudre et délayez dans de l'eau tiède jusqu'à obtenir une pâte onctueuse. Appliquez sur votre visage, laissez agir 10 minutes et rincez avec une eau citronnée ou votre lotion habituelle. Faites-le 2 fois par mois : en début et en fin de lune décroissante.

Masque à l'argile et au citron

En plus d'apporter de précieux minéraux, l'argile verte est particulièrement recommandée pour réguler les peaux à tendance grasse. Le citron, par ses propriétés antiseptiques et bactéricides, purifie la peau et combat les petits boutons.
Délayez dans un bol 4 c. à s. d'argile verte en poudre dans du jus de citron en quantité suffisante pour obtenir une pâte moyennement épaisse. Appliquez sur le visage préalablement nettoyé et essuyé, et laissez agir 15 minutes. Rincez à l'eau tiède additionnée du jus d'1 citron avant que le masque ne sèche complètement. Appliquez ce masque à l'argile 2 fois par semaine sur tout le visage en évitant le contour des yeux.

Masque rééquilibrant carotte-citron

Une solution naturelle et simple pour favoriser la disparition des vilains boutons rouges sur le visage et traiter les peaux acnéiques : un masque à la carotte et au citron.
Pressez le jus d'1 citron et mixez 1 carotte. Mélangez le tout, puis découpez un morceau de gaze de la forme de votre visage en faisant des trous pour les yeux et la bouche (non, ce n'est pas un déguisement d'Halloween !). Appliquez la préparation sur votre visage, puis posez la gaze afin que celle-ci retienne bien le masque. Laissez poser 20 minutes et rincez avec votre tonique habituel ou un coton imbibé de jus de citron (pour resserrer les pores).

Masque au chou

Mixez 50 g de chou blanc cru avec 2 c. à s. d'huile d'olive vierge. Appliquez ce masque sur le visage, laissez poser 15 minutes, puis rincez à l'eau tiède.

L'ASTUCE EN +

Fumigation spéciale peau grasse : dans un bol d'eau bouillante, ajoutez 5 gouttes d'huile essentielle de lavande et 5 gouttes d'huile essentielle de romarin. Restez penché sur le bol fumant un petit quart d'heure, la tête enroulée dans une serviette.

Pores dilatés

Tonique astringent

Vous avez la peau grasse, les pores dilatés ? Essayez ce tonique astringent : une poignée de feuilles de menthe sèches infusée 20 minutes dans 50 cl d'eau bouillante. Filtrez. Appliquez sur un coton.

Masques astringents

Voici plusieurs recettes de masques astringents pour resserrer les pores dilatés. Elles se valent question efficacité, alors faites votre choix en fonction des ingrédients que vous avez sous la main. Prévoyez de faire un masque par semaine.
C'est en lune décroissante que vous aurez les meilleurs résultats.

- **Masque au blanc d'œuf, version reine de la nuit :** appliquez sur le visage 1 blanc d'œuf frais battu. Laissez poser 20 bonnes minutes et rincez à l'eau tiède. La peau se trouvera comme

« repassée ». Une astuce recommandée juste avant une soirée, vous serez la plus belle pour aller danser !

- **Masque au blanc d'œuf, version gourmande** : battez 1 blanc d'œuf en neige bien ferme, ajoutez 1 c. à c. de jus de citron et appliquez cette « meringue » sur le visage en évitant le contour des yeux. Laissez agir 20 minutes, puis rincez à l'eau tiède.
- **Masque fraise-citron** : écrasez 1 fraise et ajoutez-y ½ c. à c. de jus de citron. Appliquez après avoir gommé les cellules mortes, en évitant le contour des yeux et conservez pendant 15 minutes. Rincez à l'eau tiède.
- **Masque concombre, argile, miel** : mélangez ½ concombre épluché et mixé, 2 c. à s. de miel d'acacia et 1 c. à s. d'argile verte en poudre. Remuez jusqu'à obtenir un mélange homogène. Étalez sur le visage, laissez agir 20 minutes et rincez avec de l'eau tiède additionnée de jus de citron.
- **Masque levure, œuf, huile d'olive** : mélangez 1 sachet de levure à pâtisserie avec 1 jaune d'œuf frais et 1 c. à s. d'huile d'olive. Étalez la pâte onctueuse ainsi obtenue sur le visage, et gardez pendant 25 minutes. Enlevez à l'eau tiède.

Soins des peaux mixtes

En lune croissante et montante, si vous avez la peau mixte, c'est le moment de vous faire un masque !

Masque d'hiver au citron, miel et œuf

Mélangez intimement 1 jaune d'œuf avec 2 c. à c. de miel et 1 c. à c. de jus de citron. Appliquez ce masque sur votre visage et laissez agir 15 minutes, rincez à l'eau, puis appliquez votre tonique habituel.

Masque d'été à l'avocat et à l'œuf

Battez 1 jaune d'œuf avec 2 c. à c. d'huile de noisette et ajoutez la chair d'1/2 avocat. Mélangez bien et appliquez sur votre visage. Conservez ce masque environ 20 minutes, rincez et appliquez votre tonique.

Masque à la menthe, œuf et crème fraîche

Mixez une poignée de feuilles fraîches de menthe. Ajoutez 1 jaune d'œuf, 1 c. à s. de crème fraîche épaisse et 1 c. à c. d'huile d'olive. Mélangez soigneusement, puis appliquez sur le visage. Laissez agir 15 minutes avant de rincer avec de l'eau et du jus de citron dilué (pour resserrer les pores).

Rides

Plutôt que de dépenser des fortunes dans des cosmétiques antirides à l'efficacité douteuse, faites confiance à la nature pour redonner souplesse et éclat à votre peau et estomper les ridules. Traitez vos rides en lune croissante pour plus d'efficacité.

Soin quotidien antirides à l'huile d'olive

Avec ses acides gras monoinsaturés et ses polyphénols, l'huile d'olive est un véritable élixir de jouvence. Massez votre visage tous les soirs avec 1/2 c. à c. d'huile d'olive et le jus d'1/2 citron.

L'ASTUCE EN +

Alternez de temps à autre avec l'huile d'argan qui, elle aussi, prévient la formation des rides et active la régénération cellulaire.

Une fois par semaine : le masque gourmand

- **Version express au yaourt** : mélangez la moitié d'1 yaourt nature au lait entier avec 1 c. à s. de miel, puis recouvrez le visage de cette préparation et laissez agir 20 minutes avant de rincer à l'eau tiède puis d'hydrater.
- **Version relax au miel et citron** : dans un bol, mélangez 3 c. à s. de miel avec quelques gouttes de jus de citron. Évitez de lécher ! Appliquez plutôt cette préparation sur votre visage et votre cou et laissez agir 30 minutes. Pendant ce temps, vous pouvez savourer ce qu'il reste dans une bonne tasse de thé chaud. Enfin, rincez à l'eau claire.

Une fois par mois : la pâte antirides

Râpez ou mixez 1 pomme, mélangez la chair avec du miel, vous obtenez une excellente pâte antirides car ces deux ingrédients possèdent des propriétés antioxydantes. Étalez cette pâte sur la peau, et laissez agir 5 minutes avant de rincer à l'eau tiède. Terminez chaque application par un massage local et un peu d'eau fraîche afin de bien stimuler la circulation sanguine.

Lifting express

Il existe une astuce infaillible pour cacher les rides : appliquer du blanc d'œuf avant le maquillage. Cela donne un aspect lisse à la peau, qui semble « repassée ».

CURE DE CITRON ANTIRIDES - 1 MOIS

2 ou 3 fois par an, vous pouvez faire une petite cure de citron d'1 mois en appliquant plusieurs fois par semaine le soin suivant : Placez 2 rondelles de citron dans un bol en bois. Recouvrez d'un mélange à parts égales de crème fraîche et de lait préalablement chauffés dans une casserole. Couvrez et laissez reposer pendant 3 heures, puis appliquez sur le visage la crème qui surnage en massant et laissez sécher 30 minutes. Rincez à l'aide d'un gant de toilette humide.

Si vous avez la peau grasse, utilisez 4 rondelles de citron. Si elle est très sèche, utilisez une seule tranche de citron et doublez la quantité de crème-lait.

YEUX

Cernes, paupières gonflées, poches sous les yeux… les signes de fatigue sont bien là mais, à défaut de pouvoir rester dans votre lit, que faire pour avoir meilleure mine sans vider entièrement votre tube de fond de teint ?

Soin express

Mettez 2 petites cuillères au congélateur 2 à 3 minutes. Placez-les ensuite sur vos yeux fatigués pendant 5 minutes. Résultat garanti !

Soin relaxant 30 minutes

Faites infuser 2 sachets de thé ou de camomille pendant 10 minutes environ, puis sortez-les de l'eau et laissez-les refroidir.

Enveloppez chacun dans un mouchoir fin et posez les compresses ainsi obtenues sur vos yeux. Accordez-vous 10 bonnes minutes de repos, le temps de laisser agir. Vos yeux se détendent déjà...

L'ASTUCE EN +

Appliquez un vernis foncé sur vos ongles, les regards seront attirés par vos mains et il y a des chances que vos cernes passent inaperçus ! (On ne sait jamais...)

CORPS

Bains peau douce

Pour avoir la peau toute douce après un bon bain relaxant, voici trois possibilités aussi simples et efficaces les unes que les autres, à faire en lune croissante pour un maximum d'efficacité :

- Versez ½ tasse de bicarbonate dans l'eau de votre bain,
- Versez 2 c. à s. d'huile d'olive pour une peau satinée,
- Versez 1 litre de lait dans l'eau de votre bain. Son acide lactique débarrasse des peaux mortes et fait une peau de bébé.

Buste parfait

... sans ridules

Si des ridules se dessinent sur vos seins, appliquez après votre douche un gant de toilette chaud imprégné d'huile d'olive. Laissez agir 5 à 10 minutes et rincez. Renouvelez l'opération tous les jours pendant les 2 semaines de lune croissante. Vous pouvez même ajouter 1 jaune d'œuf et un peu de jus de citron en plus de l'huile d'olive, cela rendra l'opération encore plus efficace.

… ferme

Après votre douche, effectuez des massages circulaires avec un glaçon sur vos seins et votre ventre. Le froid active la circulation, resserre les pores de la peau, tonifie les tissus et dynamise le système lymphatique.

Soins corporels tonifiants

Vous risquez de ressentir un petit coup de mou en lune décroissante et à la nouvelle lune. Essayez ces soins corporels tonifiants pour vous redonner du pep's.

Eau de toilette dynamisante

L'huile essentielle de citron entre dans la composition de nombreux parfums. Ajoutez-en quelques gouttes à votre eau de Cologne pour en faire une eau de toilette particulièrement fraîche, naturelle et pétillante.

Gel douche tonifiant

Mélangez une dizaine de gouttes d'huile essentielle de citron à votre gel douche habituel et secouez jusqu'à ce que le mélange devienne bien homogène. Lavez-vous avec comme d'habitude. Et vous voilà tout(e) fringant(e) pour la journée !

Cocktail stimulant

Ajoutez 3 gouttes d'huile essentielle de citron et 1 goutte d'huile essentielle de menthe poivrée à votre gel douche habituel pour un cocktail explosif de tonus et de vitalité. Les messieurs adorent.

Bain revigorant

Si vous êtes fatigué(e) après une journée de travail bien chargée et que vous voulez ressortir après, prenez ce bain relaxant et revigorant à la fois. Il va vous délasser et vous requinquer.
Mélangez 10 gouttes d'huile essentielle de citron et 5 gouttes d'huile essentielle de lavande à une base neutre pour bain (voir page 54). Laissez le mélange se disperser dans l'eau du bain et restez-y 20 minutes avant de vous étendre au chaud.

Gommage du corps

Il est nécessaire d'exfolier sa peau régulièrement (2 fois par semaine maximum) pour l'aider à éliminer peaux mortes et saletés incrustées, et même éviter que les poils ne repoussent sous la peau une fois affaiblis par l'épilation (poils incarnés).

Le gommage doit s'effectuer sur l'ensemble du corps en insistant bien sur les zones rugueuses comme les genoux, les coudes et la plante des pieds. Il ne faut cependant pas frotter trop fort pour éviter d'irriter la peau.

Cocktail sel-citron

Mélangez 1 c. à s. de sel fin dans le jus d'1 citron de façon à obtenir une sorte de pâte à appliquer sur la peau en effectuant de petits mouvements circulaires durant quelques minutes. Rincez bien à l'eau claire. Et voilà, votre peau est toute douce !

Version méditerranéenne

Sous une douche bien chaude, enduisez-vous le corps d'un mélange de 4 c. à s. d'huile d'olive et 2 c. à c. de sucre ou de sel fin de Guérande. Appliquez sur le corps en mouvements circulaires puis utilisez votre gel douche habituel. Les grains de sucre (ou de sel) gomment la peau et l'huile d'olive l'adoucit et l'assouplit. La peau reste douce pendant une bonne semaine ! C'est bien plus efficace et largement moins coûteux que tous les gommages du monde.

L'ASTUCE EN +

Ne jetez plus votre marc de café. Utilisez-le comme gommage corporel, puis rincez. Peau de bébé assurée ! Immédiatement après le gommage, passez-vous un lait hydratant ou une huile nourrissante.

Lait hydratant pour peaux sèches

Si vous hydratez votre peau en lune croissante, vous maximisez les effets. Vous pouvez utiliser l'huile d'olive comme un lait hydratant. Quelques gouttes suffisent pour nourrir une partie du corps. Pour les peaux très sèches, enduisez-vous d'huile d'olive ou d'huile d'amande douce le soir au coucher. Laissez pénétrer 5 minutes avant de vous glisser sous les draps. Douceur totale garantie le lendemain !

Peau rugueuse

Vous avez les coudes, les genoux ou les talons râpeux ?

- Coupez 1 citron en deux et frottez-le sur les parties rêches pendant quelques minutes, tous les jours après la douche. Grâce à ses propriétés adoucissantes, le citron vous laissera une peau douce comme de la soie.
- Préparez une pâte épaisse en mélangeant 1 c. à s. de bicarbonate avec un peu d'eau. Appliquez-la sur les coudes, les genoux et les talons rugueux, puis laissez agir 5 minutes avant de rincer à l'eau chaude.

Vergetures

Une perte de kilos s'accompagne généralement de la formation de vergetures : la peau, tendue lors d'une grossesse ou d'une prise de poids, craque. Une fois les kilos envolés, des vergetures, véritables cicatrices vestiges de la prise de « volume », apparaissent.

En prévention

Dès le début de la grossesse, vous pouvez assouplir votre peau et améliorer son élasticité avec quelques massages (ventre, seins et cuisses).

Massage douceur : mélangez 20 gouttes d'huile essentielle de citron dans 25 ml d'huile d'avocat et appliquez sur les zones à risque en massant bien. À faire exclusivement le soir au coucher car l'huile essentielle de citron est photosensibilisante (risques de traces sur la peau si vous vous exposez au soleil dans les heures qui suivent l'application).

Si le mal est déjà fait

Inutile de vous mentir, les vergetures ne disparaissent pas en un clin d'œil. Néanmoins, avec de la persévérance et les bonnes recettes, vous pourrez les atténuer de façon significative.

En cataplasme : appliquez sur les vergetures des compresses imbibées d'une décoction de prêle obtenue en faisant bouillir pendant 15 minutes 100 g de tiges de prêle séchées pour 1 litre d'eau.

En massage :

- Massez les vergetures avec un mélange d'huile d'amande douce et d'huile essentielle de cyprès (3 gouttes d'huile essentielle pour 1 c. à c. d'huile végétale).
- Massez les parties concernées avec un mélange d'huile essentielle de citron et d'huile de rose musquée.

Bien sûr, c'est moins efficace que la prévention. Et surtout, faites preuve de patience. Plusieurs semaines, voire plusieurs mois de soins sont nécessaires.

BRONZAGE

Un bain de soleil modéré et adapté à votre type de peau apporte du bien-être au corps, à l'esprit et à l'âme. Saviez-vous que la lune peut aussi apporter une précieuse contribution en matière de protection solaire ? Un bronzage de longue durée s'obtient plus facilement lors d'une phase lunaire décroissante, alors qu'au cours d'une phase lunaire croissante, le risque de coups de soleil est plus important.

Mes recettes pour un teint hâlé toute l'année

Le bronzage parfait sans soleil, ça vous tente ? Bien sûr, direz-vous, sauf qu'il n'est pas toujours très facile d'y parvenir... La plupart des autobronzants du commerce laissent de vilaines traînées orange, démarcations, zones non bronzées... Serait-ce mission impossible d'obtenir un bronzage uniforme ? Mais non, pas avec les recettes suivantes garanties zéro défaut et 100% naturelles.

Autobronzant visage au thé

Faites bouillir 50 cl d'eau, puis laissez-y infuser 3 sachets de thé noir pendant un bon quart d'heure. Laissez refroidir. Ajoutez ensuite le jus d'½ citron. Appliquez cette lotion au thé après votre toilette du soir.

Autobronzant visage minute à la carotte

Vous avez 30 minutes pour faire mine de revenir des Seychelles ? Battez 1 jaune d'œuf avec 2 c. à c. de yaourt puis ajoutez 1 c. à c. d'huile d'olive et 5 gouttes d'huile essentielle de carotte (cette dernière colore et raffermit la peau au passage !). Appliquez sur le visage, le cou et le décolleté, laissez agir 20 minutes et rincez. Vous êtes magnifique !

Autobronzant corporel maison

Ingrédients (pour 2 jambes environ) : 20 g de cire d'abeille, 10 cl d'huile d'olive, 5 gouttes d'huile essentielle de carotte, 2 g de teinture de benjoin

Faites fondre la cire d'abeille dans une casserole, puis ajoutez successivement l'huile d'olive, puis l'huile essentielle de carotte et la teinture de benjoin. Mélangez la mixture, puis versez le tout dans un pot. Vous pouvez conserver cet autobronzant naturel pendant 3 mois maximum.

Le bain au thé

Pour obtenir une jolie coloration brune (et non orangée comme avec certains produits du commerce), prenez un bain tiède avec des sachets de thé. Le résultat est bluffant… sans coup de soleil !

Autobronzant au coco et cacao

Mélangez 3 c. à s. d'huile de noix de coco, 3 c. à s. de beurre de cacao, 3 c. à s. d'huile d'olive et 30 cl d'infusion de thé très forte. Faites fondre au bain-marie l'huile de noix de coco et le beurre de cacao, ajoutez l'huile d'olive. Ôtez la casserole du feu, versez le thé infusé dans le mélange et fouettez. Quand la préparation est bien froide, mettez en bouteille, bouchez et étiquetez. Appliquez sur les zones que vous souhaitez faire brunir et laissez agir 30 minutes. Teint hâlé et hydratation garantis !

L'ASTUCE EN +

Si vous avez eu la main un peu lourde avec votre autobronzant ou s'il est mal réparti, corrigez immédiatement le tir en mélangeant le jus d'¼ de citron à ½ tasse de sucre en poudre. Frottez l'endroit concerné avec un gant de toilette imbibé de cette pâte granuleuse et savourez votre victoire !

Coups de soleil

Vous avez oublié votre crème solaire, et le mal est fait, vous êtes écrevisse et vous souffrez le martyre.

Nos 5 solutions express :

① **Version cidre :** versez 2 tasses de vinaigre de cidre dans une baignoire remplie d'eau tiède et faites trempette 10 à 20 minutes. Apaisant, non ?

② **Version lavande :** appliquez doucement de l'huile essentielle de lavande diluée dans de l'huile végétale de millepertuis (3 ml d'huile essentielle pour 30 ml d'huile végétale) et renouvelez les applications plusieurs fois de suite.

③ **Version SOS frigo :** pour apaiser la sensation de brûlure avec les moyens du bord, recouvrez les zones sensibles de yaourt, de pulpe de melon ou encore de rondelles de tomates.

④ **Version miel-citron :** Vous pouvez aussi appliquer un mélange de miel et de jus de citron sur les coups de soleil. Comptez 1 c. à s. de miel pour 1 c. à s. de jus de citron. Cela calmera la douleur et évitera l'apparition de cloques.

⑤ **Version aloe vera :** Vous pouvez aussi appliquer un gel d'aloe vera, très rafraîchissant, hydratant et réparateur.

MAINS

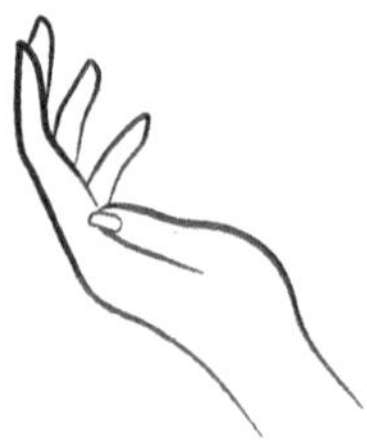

Certaines périodes du mois sont plus propices que d'autres à l'entretien des mains. Soignez vos mains en lune croissante pour une réparation et une hydratation maximales.

Mains sèches

Voici quelques astuces efficaces et économiques pour avoir des mains toutes douces.

Gommage à l'huile d'olive et au sel (ou au sucre en poudre)

Pour avoir les mains douces, massez-les avec ½ c. à c. d'huile d'olive mélangée à ½ c. à s. de sucre ou de sel. Cette recette peut vous paraître étonnante, elle est pourtant vraiment efficace ! Effet douceur immédiat !

L'ASTUCE EN +

Hydratez-vous : buvez beaucoup d'eau et ingurgitez suffisamment de bonnes graisses (petits poissons gras, huile d'olive et de colza, jaune d'œuf).

Soin express quotidien

Enduisez vos mains de quelques gouttes d'huile d'olive le soir, avant de dormir.

Bain d'huile

Si vous avez les mains sèches, rougies ou gercées, faites chauffer un peu d'huile d'olive dans un bol au micro-ondes (attention à ce qu'elle ne soit pas bouillante !). Faites tremper vos mains 15 à 20 minutes dans l'huile tiède, essuyez-les à la serviette éponge, elles seront apaisées.

Masque nutritif

Mélangez 1 c. à c. de jus de citron et 1 c. à c. d'huile d'olive. Ajoutez 2 c. à c. de miel et 1 jaune d'œuf. Mélangez jusqu'à obtention d'une pâte homogène, puis appliquez cette préparation sur vos mains et laissez agir pendant 20 minutes. Rincez abondamment à l'eau savonneuse et savourez la douceur retrouvée de vos mains.

Huile d'amande douce et huile essentielle de citron

En hiver, si vous avez régulièrement la peau des mains un peu sèche, massez-les chaque jour avec un mélange de 2 gouttes d'huile essentielle de citron dans 1 c. à c. d'huile d'amande douce.

Gerçures et crevasses aux mains

Lors des hivers rigoureux, vos mains se crevassent, vous font souffrir et sont difficiles à soigner. Voici 4 recettes à faire en lune croissante pour retrouver des mains douces :

- Dans un bol, versez 2 c. à s. d'huile d'olive, 2 d'argile en poudre et 1 de jus de citron. Mélangez et appliquez cette pâte sur les crevasses. Laissez reposer environ 30 minutes puis rincez à l'eau tiède. Appliquée 1 fois par semaine, cette préparation aidera vos mains à affronter les rigueurs de l'hiver.
- Massez vos crevasses avec 1 c. à c. d'huile d'olive et 3 gouttes d'huile essentielle de lavande vraie pour aider à la cicatrisation. À appliquer 1 fois par jour.
- Vous pouvez aussi enduire vos mains d'un mélange d'huile d'olive et de jus de citron. Mais juste avant de vous coucher, car c'est très gras !
- Mélangez un tiers de jus de citron, un tiers de glycérine et un tiers de sérum physiologique (en pharmacie). Versez le mélange dans un flacon et secouez avant usage. Appliquez-en

un petit peu sur les mains chaque soir avant de vous coucher. Ce baume maison est bien plus efficace que les crèmes hydratantes disponibles dans le commerce car, en plus de nourrir la peau, il favorise la cicatrisation.

Mains moites

Vous êtes gêné(e) par vos mains moites ? Lavez-les avec une infusion de feuilles de noyer (comptez 25 g de plante par litre d'eau). Si c'est insuffisant, vous pouvez également faire des applications quotidiennes d'alcool camphré.
Ou encore, frottez l'intérieur de vos mains avec de l'eau de Cologne, puis saupoudrez-les de talc. Très efficace !

ONGLES

LE BON MOMENT

› Les ongles réagissent à la lune comme les cheveux et se coupent donc aussi en lune croissante pour une repousse plus rapide.
› L'idéal est de se couper les ongles de nuit, dans la période située entre le premier quartier et la pleine lune.
› Mais si vous voulez leur donner plus de force et éviter qu'ils ne s'incarnent, coupez-les en lune décroissante, au plus près de la pleine lune.
› Si vos ongles sont cassants, s'ils se dédoublent, coupez-les en lune décroissante, ils repousseront plus solides. →

> › La pleine lune agit également sur la pousse des ongles, qu'elle stimule. C'est donc le moment pour les couper ou les limer.
> › Il est déconseillé de se poser des faux ongles en lune décroissante au risque de les perdre plus rapidement et qu'ils abîment vos propres ongles dessous.

Des ongles beaux et solides sont généralement un signe de bonne santé. Mais il suffit d'un petit rien (mauvaise hygiène de vie, déshydratation, exposition aux rigueurs du climat ou aux produits ménagers, manque de soin...) pour qu'ils s'affaiblissent et deviennent cassants.

Ongles fragiles et cassants

En cas de carence alimentaire (c'est souvent le cas lors d'un régime trop strict, par exemple), les ongles peuvent être fragiles et cassants.

Nos conseils pour les fortifier :
- Coupez-les en lune décroissante, ils repousseront plus costauds.
- Faites une cure de levure de bière en paillettes pour les fortifier (bonne pour la peau et les cheveux également). C'est délicieux sur les salades !
- Mangez des amandes et des noix. Vous ferez ainsi le plein de vitamines B et de minéraux (en lune croissante surtout).
- Vous pouvez aussi faire des cures internes et externes de silice organique : avalez 1 c. à s. de silice organique par jour pendant 2 mois et faites tremper vos ongles dans un fond de cette solution 2 ou 3 fois par semaine.
- Avant de vous coucher le soir, massez vos mains en insistant sur vos ongles avec quelques gouttes d'huile d'argan ou d'huile

d'olive tiède, 2 à 3 fois par semaine. Vous éviterez ainsi qu'ils s'écaillent ou qu'ils se dédoublent.
- Pour revivifier des ongles cassants, plongez-les chaque jour dans du jus de citron ou enfoncez vos ongles directement dans ½ citron pendant environ 10 minutes. Faites une cure sur une durée de 10 à 15 jours.
- Pour éviter que vos ongles se strient et se dédoublent, offrez-leur chaque jour un bain d'huile d'olive tiède pendant 5 à 10 minutes, puis frottez-les avec du jus de citron avant de les masser soigneusement. Ils retrouveront peu à peu force et brillance.
- Pour retrouver des ongles durs et résistants, mélangez 1 ml d'huile essentielle de citron à 5 ml d'huile de ricin et massez énergiquement les ongles avec 10 gouttes du mélange 3 fois par semaine.
- Faites chauffer au bain-marie 10 g de prêle séchée et 2 c. à s. d'huile d'amande douce. Versez la potion dans un bocal et laissez reposer 1 semaine. Ensuite filtrez l'huile, c'est prêt ! Tous les soirs, massez le pourtour de vos ongles avec cette préparation. Après plusieurs semaines d'utilisation, vos ongles seront à la fois beaux et forts.

Soin contre les ongles striés

Réalisez cette recette en période de lune ascendante ou à la nouvelle lune afin que le soin soit plus efficace.
Dans un flacon compte-gouttes de 10 ml, versez 5 gouttes d'huile essentielle de basilic indien et 5 gouttes d'huile essentielle de bois de rose. Finissez de remplir votre flacon avec de l'huile végétale de jojoba, fermez le flacon et agitez énergiquement le tout pour bien mélanger. Appliquez 1 goutte de cette huile aromatique sur chaque ongle en massant longuement jusqu'à pénétration complète du soin.

Ongles brillants

Pour donner de la brillance à vos ongles ainsi qu'à votre vernis, frottez vos ongles avec de l'huile d'olive.

Ongles blancs

Pour blanchir vos ongles, faites une manucure express sans aucun ustensile : frottez ¼ de citron sous les ongles. En quelques secondes, ils sont plus beaux, bien propres, et au fil du temps, ils deviendront de plus en plus solides.

Ongles toujours nickel

Pour protéger vos ongles lorsque vous réalisez des travaux salissants comme le jardinage ou la peinture, grattez la surface d'un savon avant de commencer. Quand vous ôterez le savon ensuite, vos ongles seront propres et bien blancs.

Manucure maison

Pour des mains toujours parfaites, nous vous conseillons de renouveler ce soin 1 à 2 fois par semaine.

① Trempez vos mains dans un mélange d'eau tiède savonneuse pour les purifier en douceur et ramollir les cuticules.

② Appliquez ensuite une crème hydratante en insistant bien sur la base de l'ongle.

③ Limez-les en prenant soin de toujours limer dans le même sens pour ne pas les fragiliser. Il est conseillé de privilégier la lime au ciseau ou au coupe-ongles, qui risqueraient de casser vos ongles.

④ Occupez-vous ensuite de vos cuticules, en les repoussant doucement vers l'arrière à l'aide d'un repousse-cuticules en bois. Puis retirez les petits morceaux de peaux mortes accrochés à la base de l'ongle.

⑤ Il ne vous reste plus qu'à les passer au polissoir.

⑥ Vous pouvez alors vernir vos ongles.

L'ASTUCE EN +

Massez vos mains et vos ongles avec un peu d'huile d'olive tiède et du citron.

PIEDS

LE BON MOMENT

› Si vous avez des cors ou des durillons aux pieds, vous les enlèverez beaucoup plus facilement quand la lune est décroissante et montante (c'est-à-dire au troisième ou quatrième quartier). C'est le moment de les extraire ou de les faire extraire par un pédicure.

› Les ongles de pied douloureux doivent être corrigés ou coupés au cours d'une phase lunaire croissante. Attention : un traitement lors d'une phase lunaire décroissante entraînera systématiquement une mauvaise repousse.

› En lune décroissante et descendante, pendant la semaine avant la nouvelle lune, si vous avez des verrues, c'est le moment de vous en occuper. Ne traitez vos verrues qu'en période de phase lunaire décroissante. Attention : les verrues, qui seraient traitées au cours d'une phase lunaire croissante risquent de réapparaître ou même d'empirer.

Ampoules 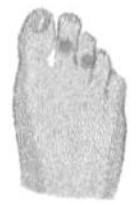

Si vous savez, le matin, que vous allez beaucoup marcher ou que vous allez porter des chaussures qui vous font mal aux pieds, frottez-les avec le jus d'½ citron. Vous éviterez ainsi les ampoules dues à des frottements répétés.

Si vous êtes sujet aux ampoules, il faut « tanner » la peau, c'est-à-dire l'endurcir, la rendre plus épaisse. Mélangez du jus de citron et du camphre, et badigeonnez ce mélange sur vos pieds. Pensez à les hydrater avec une crème juste après ce soin.

Si vous souhaitez percer une ampoule, stérilisez d'abord une aiguille sous la flamme d'un briquet, puis percez-la avec avant de désinfecter avec du jus de citron.

Callosités, cors et durillons

Disgracieux et douloureux, les callosités, cors et durillons sont très fréquents. Bain de pieds, ail, pansements, coricides ou soins médicaux... Voici les solutions les plus efficaces pour s'en débarrasser vite et sans souffrir !

Et n'oubliez pas : soignez-les toujours en lune décroissante pour qu'ils ne réapparaissent pas.

MES 4 ASTUCES ANTI-CORS

1. Troquez vos chaussures serrées pour des plus amples, plus confortables et moins hautes.
2. Faites un soin chez le pédicure de temps en temps. →

3. Râpez ou poncez 1 fois par semaine pour prolonger le soin du pédicure.
4. Hydratez au niveau du problème pour ramollir la peau afin que le cor ait moins de prise pour se reformer.

Comment différencier un cor d'un durillon ?

Le cor au pied apparaît généralement sur les orteils tandis que le durillon se forme sous la plante des pieds. Cors et durillons ont tous deux pour origine les frottements répétés des chaussures aux mêmes endroits, qui entraînent un épaississement de la peau.

Pansements anti-cors, durillons et œil-de-perdrix (entre les orteils) : pour soulager

Contre les cors, il existe deux types de pansements : les pansements qui soulagent en protégeant la peau du frottement et les pansements qui contiennent un produit coricide. Les premiers apportent un mieux-être ponctuel, les seconds désépaississent le cor en enlevant un peu de peau morte, mais peuvent provoquer des brûlures sur la peau saine.

Autre solution efficace contre les cors et les durillons : les semelles ou orthèses. Conçues par un professionnel, elles vont permettre au pied de se positionner différemment dans la chaussure et de limiter les risques de compression. On réduit ainsi la douleur et on évite les récidives.

Lotions coricides : efficaces, mais...

On trouve dans le commerce nombre de lotions ou gels dits « coricides », c'est-à-dire destinés à dissoudre les cors grâce à un acide, le plus souvent l'acide salicylique. Comme les râpes, ces produits n'auront qu'une action limitée, provoquant un soulagement de courte durée, car ils permettent de dissoudre la surface du cor mais n'ont pas d'effet sur la pointe interne.
À noter : les crèmes et lotions coricides sont contre-indiquées aux patients diabétiques.

L'ASTUCE EN +

La déshydratation favorise l'apparition de cors. Utilisez régulièrement une crème hydratante qui peut limiter la reformation de ces indésirables.

Consultez un podologue !

La seule vraie façon de vous soulager, c'est de faire soigner vos cors par un podologue. Ce spécialiste est à même de repérer les déformations ou les positions du pied risquant d'entraîner des cors, et de proposer des solutions sur mesure. Par ailleurs, il a à sa disposition les outils *ad hoc* pour aller gratter en profondeur, mais sans risque, les cors et durillons.
Voici nos remèdes naturels :

Bain de pieds salé

Voici un remède universel pour venir à bout des cors et des callosités : le sel (si possible, le gros sel de mer ou les sels d'Epsom). Versez 2 c. à s. de sel dans l'eau chaude pour le bain de pieds et laissez vos pieds tremper pendant 15 à 20 minutes. Lorsque la peau est ramollie, frottez avec une pierre ponce.

L'ASTUCE EN +

Les bains de pieds à l'eau tiède ramollissent l'épiderme, ce qui facilite l'exfoliation de la peau morte et favorisent l'action des huiles essentielles contre les callosités, cors et durillons. Prenez l'habitude de faire 2 bains de pieds par semaine.

Bicarbonate

Pour adoucir la peau en cas de cors et de callosités, prenez un bain de pieds avec du bicarbonate de soude. Ce traitement permet d'éliminer les cellules mortes et de favoriser la guérison. Versez dans un bol d'eau chaude 3 c. à s. de bicarbonate de soude à verser dans le bain de pieds, ou bien massez les cors et les callosités avec un mélange formé à partir de 3 c. à s. de bicarbonate de soude et 1 c. à c. d'eau.

Aspirine et jus de citron

Écrasez 6 comprimés d'aspirine effervescente dans 15 ml d'eau et 15 ml de jus de citron. Appliquez la pâte ainsi obtenue sur les cors et les durillons, et recouvrez le pied d'un sac plastique ou de film étirable, puis emballez le tout dans une serviette chaude. La chaleur du plastique et de la serviette aidera la pâte à pénétrer dans la peau durcie. Laissez agir pendant 15 minutes avant de retirer le cataplasme. Frottez ensuite les durillons avec une pierre ponce : toute la peau morte et calleuse devrait se détacher facilement.

RÂPE ET PIERRE PONCE : QUELS RÉSULTATS ?

Après un bon bain de pieds destiné à ramollir les cors et les callosités, frottez doucement les zones touchées par le problème avec une pierre ponce ou une râpe.
Ôter les peaux mortes à la pierre ponce ou à la râpe pour les zones les plus dures (talon, par exemple) aide à rendre le pied doux avant la pose d'une crème, mais ces accessoires ne sont pas d'une grande utilité lorsque l'on souffre de cor. Ils permettent d'en diminuer l'épaisseur de quelques millimètres, ce qui peut apporter un soulagement ponctuel. Mais ils ne vous débarrassent pas du cor. Par ailleurs, la râpe est à proscrire lorsque l'on souffre de diabète, afin d'éviter tout risque de coupure, plaie ou infection. Enfin, à proscrire absolument : ciseaux et lames de rasoir. N'essayez jamais d'« opérer » vous-même vos cors, vous risqueriez de vous blesser !

Emplâtre à l'argile

Un cor au pied, un durillon qui vous gêne ? Faites-vous, en lune décroissante, un cataplasme d'argile épais, maintenu par une gaze ou une chaussette. Laissez agir toute la nuit et renouvelez chaque soir jusqu'à ce qu'ils se désagrègent. La lune décroissante va favoriser leur élimination.

Emplâtre au jus de citron

Créez un emplâtre en mélangeant 1 ou 2 c. à c. de farine de riz avec quelques gouttes de jus de citron fraîchement pressé. Appliquez sur la peau, enveloppez d'une gaze et laissez reposer toute la nuit pour ramollir les cors et les callosités. Au matin, frottez avec une râpe ou une pierre ponce.

Huiles essentielles

- Parmi les huiles essentielles appropriées pour traiter les callosités, il y a celles de lavande et de géranium. Elles sont adaptées pour être appliquées sur la peau déjà ramollie, après un bain chaud ou un bain de pieds. Appliquez quelques gouttes de ces huiles essentielles sur les zones concernées, puis frottez doucement avec une pierre ponce.
- Versez dans un flacon de 10 ml : 1 ml d'huile essentielle de manuka, 2 ml d'huile essentielle de citron, 3 ml d'huile essentielle de wintergreen et complétez avec l'huile végétale de votre choix. Matin et soir pendant 3 semaines, massez vos cors aux pieds avec ce mélange et terminez le soin en appliquant sur les zones traitées un peu de beurre de karité. Émollient et cicatrisant, le karité est parfaitement adapté au traitement des cors, mais aussi des durillons.

Huile d'olive, citron et bicarbonate

Dans un verre, mélangez 2 c. à s. de jus de citron et 2 c. à s. d'huile d'olive. Ajoutez graduellement le bicarbonate de soude et remuez jusqu'à ce qu'il forme un mélange crémeux. Appliquez sur les zones touchées, et protégez avec une petite bande ou un pansement. L'huile et le jus de citron ramollissent la peau durcie, tandis que le bicarbonate de soude permet d'exfolier la peau.

Rhubarbe et huile d'olive

Appliquez chaque jour des emplâtres de feuilles de rhubarbe macérées dans de l'huile d'olive dans laquelle vous aurez écrasé 1 gousse d'ail.

Vinaigre

Un traitement radical : du vinaigre sur un coton appliqué sur les callosités et maintenu à l'aide d'un sparadrap. Laissez en contact toute la nuit et, le lendemain matin, frottez la peau avec une pierre ponce.

À TÉLÉCHARGER

Votre soin beauté des pieds maison en 5 étapes. Rendez-vous vite sur la page **http://quotidienmalin.com/lune** ou scannez ce code

Corne aux pieds

Pour enlever la corne qui se forme sous les pieds, notamment au niveau du talon, prenez un bon bain chaud pour ramollir la peau. Frottez les parties dures et épaisses avec une pierre ponce puis ½ citron. Massez-vous ensuite avec une crème hydratante pour les pieds ou de l'huile d'amande douce pour bien assouplir.

L'ASTUCE EN +

Un mélange d'1 c. à s. de miel et d'1 c. à c. de sucre vous fera un superbe gommage des pieds. Douceur et prix mini garantis !

Mycoses / pied d'athlète

Pour les mycoses, tamponnez les parties concernées avec des compresses imbibées de jus de citron pur jusqu'à complète disparition des symptômes.

Pour le pied d'athlète, mélangez le jus de citron à 2 gouttes d'huile essentielle d'arbre à thé et appliquez ce mélange sur le pied atteint tous les soirs.

Pieds fatigués 

Massage décontractant à la lavande

La fatigue vient souvent des pieds malmenés par une dure journée de labeur. Bichonnez-les, ils vous remercieront.
Mélangez 1 c. à s. d'huile d'olive avec 5 à 6 gouttes d'huile essentielle de lavande. Le soir avant le coucher, en lune décroissante pour un effet encore plus relaxant, massez ou faites-vous masser les pieds avec ce mélange.

Pieds secs 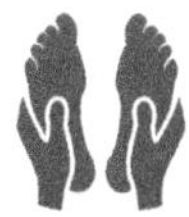

Massage à l'huile d'olive

En lune croissante, massez vos pieds à l'huile d'olive le soir avant de vous coucher en insistant sur les talons, et laissez agir toute la nuit. Vous aurez une peau de bébé le lendemain matin !

Transpiration excessive

Quoi de plus désagréable que des pieds qui transpirent abondamment et sont par conséquent source de mauvaises odeurs... Pour y remédier, voici des solutions simples et peu onéreuses.

Bain de pieds au thé et au citron

Faites infuser 2 sachets de thé dans 2 litres d'eau auxquels vous ajouterez le jus de 2 citrons. Laissez refroidir puis prenez un bain de pieds dans cette préparation pendant 15 à 30 minutes. Séchez ensuite soigneusement vos pieds. Répétez cette opération 3 ou 4 jours de suite. Effet garanti ! Le thé, grâce à sa composition riche en tanins, permet, avec le citron, de réguler et de ralentir la transpiration.

Bain de pieds à la camomille

Un remède maison très utile pour lutter contre la transpiration excessive des pieds, adoucir la peau et faciliter la guérison des cors et des durillons. Faites d'abord une infusion de camomille, laissez refroidir et versez-la dans une bassine d'eau chaude avant d'y tremper vos pieds.

Verrues plantaires

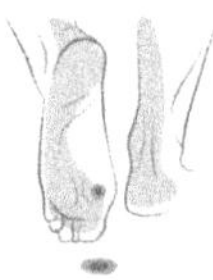

Les verrues plantaires ont une origine virale, donc contagieuse, le virus impliqué étant le papillomavirus humain. Il se développe notamment en milieu humide, ce qui explique que de nombreuses verrues plantaires fassent leur apparition quand une personne a été en contact avec le virus dans une piscine ou des douches communes.

Rendez-vous chez votre médecin traitant si les verrues saignent, se multiplient ou deviennent douloureuses. Si la verrue plantaire douloureuse est morte, il n'est plus nécessaire de la traiter. Il faut s'en débarrasser. Pour cela, il faut limer la peau morte chaque jour jusqu'à disparition.

Vous pouvez trouver en pharmacie des traitements contre les verrues plantaires. Ceux-ci se déposent comme un vernis, en application locale, et rongent la verrue plantaire douloureuse. Si rien n'y fait, un dermatologue pourra traiter les verrues plantaires par le froid.

Sinon, vous pouvez essayer ces remèdes naturels :

L'ail

L'ail est un excellent moyen de faire disparaître les verrues plantaires :

- Frottez la verrue avec la moitié d'1 gousse d'ail. Recommencez tous les jours avec un nouveau morceau d'ail jusqu'à disparition de la verrue.
- Ou bien coupez une fine tranche d'ail de la taille exacte de votre verrue (l'ail ne doit pas déborder sur la peau saine) et maintenez-la avec un sparadrap. Faites-le plusieurs nuits de suite. Ça marche !

Vous pouvez également associer l'ail à l'argile, qui possède des vertus assainissantes et cicatrisantes. Le soir, appliquez sur les verrues plantaires de l'argile à laquelle vous aurez ajouté de l'ail écrasé. Laissez poser toute la nuit sous un pansement.

L'huile de ricin

Débarrassez-vous de vos verrues en les badigeonnant plusieurs fois par jour avec de l'huile de ricin (vendue en pharmacie).

Le citron

Le citron est aussi une bonne source naturelle pour les traiter :

- Frottez directement de l'écorce de citron sur les verrues plantaires, ou frottez-les avec du zeste qui aura mariné une journée dans du vinaigre blanc ou bien appliquez sur la verrue un bout d'écorce de citron (côté blanc).
- Faites macérer les écorces de 3 ou 4 citrons pendant 1 semaine dans 25 cl de vinaigre de vin, puis badigeonnez les verrues 2 fois par jour avec cette préparation.
- Dans un petit flacon, mélangez 1 ml d'huile essentielle de citron, 1 ml d'huile essentielle de cannelle et 1 ml d'huile essentielle de sarriette, puis appliquez 1 à 2 gouttes de ce mélange sur les verrues matin et soir pendant plusieurs jours jusqu'à disparition.

Le chlorure de magnésium

Faites une cure de chlorure de magnésium : 15 cl tous les matins (diluez un sachet dans 1 litre d'eau).

L'homéopathie contre les verrues plantaires

Autre solution : l'homéopathie.
Déposez sur la verrue, tous les jours, 1 goutte de teinture mère de thuya. En 3 ou 4 semaines, votre verrue devrait disparaître. Ou bien prenez 1 à 3 fois par jour 5 granules d'Antimonium crudum en 5 CH et de Nitricum acidum en 7 CH pour soulager la douleur.

Une fois la douleur soulagée, l'homéopathie se révèle très efficace pour faire disparaître les verrues plantaires et favoriser la cicatrisation. Pour cela, prenez des granules de Thuya occidentalis en 9 CH. Vous pouvez aussi utiliser de la teinture mère de thuya ou de chelidonium, à appliquer à l'aide d'un Coton-Tige 2 ou 3 fois par jour, directement sur la verrue plantaire à traiter (attention, toutefois, à ne pas en mettre sur la peau saine).

L'aromathérapie contre les verrues plantaires

- Les huiles essentielles de citron et de tea tree (arbre à thé) sont très efficaces pour lutter contre les virus. Elles sont donc idéales comme traitement naturel de la verrue plantaire. Imbibez un Coton-Tige d'1 goutte d'huile essentielle de citron et d'1 goutte d'huile essentielle de tea tree, et appliquez ce mélange 2 fois par jour sur la verrue.
- Chaque jour, mettez directement 1 goutte d'huile essentielle de bergamote, de citron, de laurier noble, de thym à linalol ou d'arbre à thé sur votre verrue et couvrez d'un pansement. Recommencez jusqu'à disparition de la verrue.

L'ASTUCE EN +

Des roll'on de type SOS verrues prêts à l'emploi existent également en pharmacie. Ils contiennent généralement différentes huiles essentielles, dont de l'huile essentielle de citron.

MIEUX VAUT PRÉVENIR QUE GUÉRIR

Pour prévenir la survenue de verrues plantaires, respectez quelques mesures d'hygiène simples pour ne pas vous faire contaminer, comme ne pas marcher pieds nus dans les lieux publics, les piscines, les saunas et hammams, ne pas emprunter de linge de toilette, de chaussettes ou de chaussures..., mais aussi quelques règles pour éviter l'autocontamination : ne pas manipuler ses verrues, ne pas les couper, les arracher ni les brûler.

Chapitre 4

Votre minceur avec la lune

Retrouvez votre poids de forme avec le cycle lunaire ! Chaque phase lunaire est responsable, soit de la bonne digestion d'un repas, soit d'une éventuelle prise de poids à la suite de celui-ci. Si vous tenez compte de ces quelques règles de base, votre poids se stabilisera plus facilement à la baisse :

- Le corps est en phase d'assimilation pendant la lune croissante et en phase d'élimination pendant la lune décroissante.
- S'il existe des jours où l'organisme va évacuer plus facilement déchets et toxines (à la pleine lune, à la nouvelle lune et en lune décroissante), il en est d'autres où, au contraire, il essaiera de se rattraper (en lune croissante notamment).
- En lune croissante, il faut alléger ses repas tandis qu'à la lune décroissante, on peut manger ce que l'on veut !
- Si vous souhaitez surveiller votre ligne, la pleine lune et la nouvelle lune doivent devenir vos « rendez-vous détox ». C'est le moment d'observer une journée de détox ou de jeûne pour reposer votre organisme.

À retenir

Lune montante : prise de poids
Lune descendante : perte de poids
Pleine lune et nouvelle lune : journées spécial détox

LE BON MOMENT

Pleine lune : commencez votre régime. À cette période, le corps absorbe particulièrement bien les aliments et il est donc facile de prendre du poids. Faites de cette journée un jour de jeûne ou de détox et buvez beaucoup d'eau et d'infusions.
Lune décroissante : au cours des 2 semaines de phase décroissante, vous pouvez manger normalement, comme vous en avez l'habitude, faites juste attention aux excès. Si vous mangez toutefois moins que d'habitude, vous profitez du processus de purge, car les réserves corporelles s'amenuisent.
Nouvelle lune : c'est, comme en pleine lune, une journée de jeûne ou de détox idéale. Le corps se purifie très fortement et l'on peut soutenir activement ce processus par quelques heures d'abstinence ou l'ingestion d'aliments qui aident à la détoxification de l'organisme. Et buvez beaucoup de liquides : potage, eau, yaourt.
Lune croissante : au cours de ces 2 semaines, vous devez vous restreindre un peu plus que d'habitude, car le corps absorbe et emmagasine tout plus facilement. Essayez, en règle générale, de manger moins, arrêtez-vous environ 5 minutes avant l'impression habituelle d'être rassasié(e), buvez beaucoup entre 15 et 17 heures de l'après-midi (de l'eau bien sûr, pas des jus de fruits !), et dînez une à deux heures plus tôt que d'habitude. C'est en effet entre 15 et 19 heures que la vessie et les reins (nos organes centraux en matière de drainage et d'élimination) sont le plus efficace.

MAIGRIR AVEC LE CALENDRIER LUNAIRE

Il existe une forte relation entre les phases lunaires et la mer, mais saviez-vous que le corps aussi a ses marées ? Cette prise de conscience va devenir un incroyable outil pour votre minceur et votre bien-être.

Les femmes, de par leur nature et leurs hormones, sont plus sensibles encore que les hommes à ces mouvements de flux et de reflux de leur eau corporelle.

Vous avez sans doute remarqué comme les femmes sont sujettes à des rétentions d'eau, apparemment sans raison, en dehors de leur cycle menstruel. Si vous prêtez un peu plus d'attention au calendrier lunaire, vous vous apercevrez que c'est le plus souvent en lune montante, plus souvent encore dans les jours qui précèdent et suivent immédiatement la pleine lune.

En effet, en lune montante, surtout du premier quartier à la pleine lune, les femmes ont tendance à « gonfler » et à retenir l'eau, avec un maximum à la pleine lune.

Ensuite, avec la lune descendante, l'eau accumulée quitte peu à peu le corps pour revenir à la normale : le corps se « sèche » et semble avoir maigri. Il en est ainsi à chaque nouvelle lune. Il n'est donc pas rare de se trouver amincie lorsque débute la phase de nouvelle lune.

Maigrir avec la nouvelle lune en 36 heures

La méthode que nous vous présentons pour maigrir avec la lune est une méthode de rééquilibrage organique, qui va vous aider à maigrir en éliminant en continu vos surcharges organiques, et pas seulement vos surcharges pondérales. Vous digérez mieux, donc vous éliminez mieux.

Pour profiter au mieux des effets de la lune sur votre minceur, ce régime est à commencer la veille de la nouvelle lune à 18 heures et va durer jusqu'au lendemain de la nouvelle lune à 6 ou 7 heures du matin, soit 36 heures en tout.

Votre régime nouvelle lune : potages ou bouillons à volonté !

Ces potages sont à prendre en 4 ou 5 repas. Les potages sont à réaliser à la maison avec vos légumes préférés (légumes verts, féculents, légumineuses). Quant aux bouillons, vous avez le choix. Si les bouillons de légumes sont les plus conseillés pour leur effet diurétique, vous pouvez, pour rompre la monotonie, consommer une fois par jour un bouillon de volaille, de viande ou de poisson. Potages et bouillons apportent des minéraux. Pour maigrir avec la lune, mieux vaut s'en tenir au bouillon, mais les potages apportent des fibres qui calment la faim et conviennent mieux à celles qui ne supportent pas de ne pas manger.
Attention : les bouillons tout prêts du commerce sont à bannir : trop de sel, trop d'exhausteurs de goût, trop d'additifs.
Au programme : les 3 jours qui précèdent le régime potage-bouillon et les 2 jours qui le suivent, nourrissez-vous exclusivement de légumes crus ou cuits. Mais, comme pour le régime « avec la pleine lune » ci-dessous, à vous d'adapter la durée de cette diète à vos mesures. Il ne faut pas que cela devienne pour vous une contrainte. Un seul impératif : quels que soient les résultats, ce régime ne doit pas excéder 6 jours.
Résultat : un grand drainage de l'organisme et une perte de poids pouvant aller jusqu'à 500 g, voire 1 kg.

Maigrir avec la pleine lune en 24 heures

Pour mincir sans difficulté avec la lune, votre régime est à commencer la veille de la pleine lune après le repas du soir, et pendant 24 heures. Durant ces dernières, on remplace les repas par une diète hydrique, qui vous aidera ainsi à éliminer et à mincir rapidement, en accord avec la phase lunaire en cours.

Votre régime pleine lune : rien que du liquide. À volonté !

Pendant cette phase, pour mincir efficacement, vous pouvez vous contenter de boire de l'eau de source, de l'eau minérale ou du robinet. Mais les jus de fruits frais sont également autorisés, parce qu'ils ont, comme l'eau, un effet diurétique qui favorisera la perte de poids. Les jus de fruits ont l'avantage d'apporter du sucre naturel, des vitamines et des oligoéléments, et surtout de permettre à celles qui ne tiendraient pas le coup d'avoir un sentiment de plénitude gastrique. Mais pas d'inquiétude : si vous vous mettez à l'eau pure, vous ne souffrirez pas de carences en l'espace de 24 heures. Vous puiserez dans vos graisses de réserve pour garder votre énergie, et éliminerez ainsi les mauvaises graisses pour un effet minceur garanti !
Résultat : vous perdrez de 250 g à 1 kg maximum pendant cette phase de 24 heures. Mais cette journée vous permettra surtout de « dégonfler » et de nettoyer à fond votre organisme. Les 3 jours qui précèdent la diète hydrique et les 2 jours qui la suivent (soit 6 jours en tout), vous pouvez suivre une cure de légumes.

Une vraie cure de vitamines à base d'ananas et de champignons

Pour entamer ce processus de perte de poids et ainsi maigrir profitablement, il vous faudra, à J – 3, durant toute la journée,

ne manger que des légumes crus et cuits. Puis, pendant les 2 jours qui précèdent le jeûne et les 2 qui suivent, faites une cure d'ananas-champignons (en faisant 4 repas par jour). L'ananas a des vertus diurétiques, et il diminue l'absorption des graisses au niveau de l'intestin. Quant aux champignons, que vous mangerez cuits et assaisonnés d'aromates, voire avec un peu d'huile d'olive de première pression à froid, ils apportent peu de calories, et ces calories sont surtout d'origine protéique, ce qui permet de protéger les muscles.
Attention : malgré ses résultats probants sur la perte de poids, ce régime élargi ne devra pas excéder 6 jours (y compris le jour du jeûne) ; il peut durer 3 jours, par exemple un jour de légumes cuits et crus, suivi du jour de jeûne et d'un jour ananas-champignons. On peut aussi se contenter d'un seul jour de régime précédant ou suivant la diète hydrique.
Résultat : une perte de poids facile et durable !

UN JEÛNE À LA NOUVELLE ET À LA PLEINE LUNE

Profitez de la nouvelle lune ou de la pleine lune pour jeûner une journée. Les effets du jeûne sur l'organisme sont accentués à ces périodes et la détoxification plus efficace.

À la nouvelle lune, propice à l'élimination des toxines, programmez :
- Soit un petit jeûne d'une journée.
- Soit le début d'un jeûne d'1 semaine.

Profitez-en pour nettoyer votre foie en faisant une cure de radis noir, cru en rondelles ou en jus sous forme d'ampoules. Buvez du bouillon toute la journée pour purifier votre organisme.

MA CURE PERTE DE POIDS

LE BON MOMENT

› Juste après la pleine lune, commencez une cure à base de tisanes diurétiques pour éliminer les toxines et perdre du poids.
› C'est en lune décroissante qu'il faut s'attaquer aux kilos superflus, vous serez aidée par la lune. La configuration est parfaite pour commencer une cure minceur, car le corps élimine mieux à cette période.
› En lune croissante, attention aux grignotages ! C'est une période favorable à la prise de poids. Vos sens et votre sensualité sont en éveil, ne faites pas d'excès à cette période.

Les corps en surpoids expriment un déséquilibre entre leurs besoins calorifiques par rapport à leurs dépenses. L'idée est de rétablir un équilibre entre les deux. Le mental et les émotions négatives jouent un rôle également. La lune peut vous aider à perdre du poids.

Mes boissons minceur

Boisson aux plantes pour régime lunaire

La lune descendante est la meilleure période pour cette recette.
Ingrédients : eau florale de camomille romaine, cinq-épices, 1 citron, menthe fraîche, 2 ou 3 glaçons, eau minérale
Remplissez un grand verre au quart d'eau florale de camomille romaine. Versez une pincée de cinq-épices, le jus de citron pressé et mélangez le tout avec une cuillère. Ajoutez les glaçons, de l'eau minérale et 1 feuille de menthe fraîche. Dégustez !

Boisson minceur détoxifiante

Ingrédients : jus de concombre, 1 c. à s. de jus de citron vert, 1 c. à c. de miel.
Dans un verre de jus de concombre, ajoutez le jus de citron vert et le miel. Buvez plusieurs verres au cours de la journée.

Tisane de camomille-citron anti-kilos

Si vous voulez vous lancer dans un régime minceur, commencez-le plutôt en lune décroissante.
Aidez votre corps à éliminer en buvant des tisanes de camomille-citron.
Ingrédients : 2 têtes de camomille, 1 citron.
Versez 1 tasse d'eau bouillante sur les têtes de camomille et le citron coupé en rondelles, laissez macérer toute la nuit et buvez le matin à jeun. À renouveler chaque matin.

Tisane douceur pour maigrir avec la lune

Voici une tisane spécialement conçue pour maigrir avec la lune. La lune croissante est la meilleure période pour cette recette. Un délice odorant et gustatif, à boire sans modération et à n'importe quelle heure !
Ingrédients : tisane verveine-menthe, 1 goutte d'huile essentielle de bergamote.
Faites infuser votre tisane de verveine et de menthe dans une grande tasse. Laissez refroidir. Ajoutez 1 goutte d'huile essentielle de bergamote. Remuez et dégustez immédiatement : l'huile essentielle non miscible dans l'eau remonterait à la surface.

Tisane drainante

Si vous avez tendance à grossir, la lune croissante est une période où il faut vous surveiller. Cette tisane drainante peut vous aider à ne pas prendre de poids : lavez et coupez une poignée de feuilles de pissenlit ou de reine-des-prés, faites-les bouillir dans 1 litre d'eau pendant 2 minutes. Laissez infuser 10 minutes, filtrez et buvez-en 3 tasses par jour avant les repas.

Mes astuces culinaires minceur

Béchamel light

Ingrédients : 25 cl de lait, 4 c. à c. de fécule de maïs, muscade, sel, poivre.
Délayez la fécule de maïs dans une partie du lait froid, puis versez le restant du lait chaud sur ce mélange. Faites chauffer doucement sans cesser de remuer jusqu'à ce que la préparation épaississe, puis assaisonnez.

Crudités joker

Commencez toujours vos repas par des crudités, riches en fibres. Cela calmera votre faim. Ainsi, vous dégusterez le reste du repas sans trop manger. Ce peut être une pomme, si vous voulez (en plus, avec son goût sucré, elle vous passera l'envie de dessert, un vrai atout minceur, cette petite pomme !).

Légumes et fruits à volonté

Les légumes, c'est complètement à volonté ! Peu caloriques, truffés de fibres et de vitamines, ils sont en plus rassasiants. Ils doivent occuper au moins la moitié de l'assiette, contrairement

aux féculents (pâtes, pain, riz, pommes de terre), qui doivent au maximum en occuper un tiers.
En revanche, au niveau fruits, allez-y doucement. Consommez-en 2 ou 3 par jour, sous diverses formes, mais pas plus. Même s'ils sont excellents pour la forme, ils sont quand même très sucrés.

Soupe brûle-graisses Galatée

Galatée est l'une des six lunes de Neptune découvertes en 1989.
Ingrédients : 6 gros oignons, 2 poivrons verts, 1 branche de céleri ou de blette, 6 tomates pelées, 1 chou vert ou 3 courgettes, 1 cube de bouillon de poule, sel, poivre, curry, ail, thym.
Coupez tous les légumes en morceaux. Faites-les cuire dans de l'eau salée bouillante pendant 10 minutes. Cette soupe peut être mixée. Avalez-en chaque fois que vous avez faim. Plus vous en mangerez, plus vous mincirez.

L'ASTUCE EN +

Les fruits de mer sont excellents pour la santé, une vraie mine d'or de minéraux pour presque zéro calorie, pour peu que vous ne les noyiez pas sous une épaisse mayonnaise grasse. Dégustés en lune croissante, on dit qu'ils sont meilleurs, car plus parfumés.

Friandise minceur

Sur ¼ de sucre, versez 1 goutte d'huile essentielle de citron et 1 de genévrier. À prendre plutôt le matin ou avant 16 heures, car c'est un mélange un peu dynamisant. Une petite douceur qui vous permettra de refréner vos ardeurs au moment des fringales et des collations.

Huile essentielle minceur

Pour faciliter la perte de poids, préparez un mélange de 10 ml d'huile essentielle de citron, 3 ml d'huile essentielle de genévrier et 3 ml d'huile essentielle de sauge. Absorbez 2 gouttes de ce mélange aux repas dans 1 c. à s. d'huile d'olive, à incorporer à votre vinaigrette par exemple.

Rappel

En lune décroissante, la perte de poids est plus facile qu'en lune croissante.

Running (et sport en tout genre)

C'est le bon moment tout le temps :
- En lune décroissante, car le corps élimine mieux à cette période,
- En lune croissante pour éviter que les excès ne se transforment en kilos supplémentaires,
- À la nouvelle et à la pleine lune pour aider le corps à se détoxifier.

MES 10 CONSEILS ANTI-KILOS

Perdre ses kilos en trop ou, plus simple, ne pas en prendre, passe obligatoirement par ces 10 conseils de base. N'espérez rien si vous ne vous y pliez pas !

1. Réconciliez-vous avec vous-même et retrouvez vos désirs et vos systèmes de régulation physiologique. Tant que vous ne serez pas passé(e) par cette case départ, inutile d'aller plus loin. →

2. Pratiquez une activité sportive et/ou soyez plus « physique » tout au long de la journée, par exemple en préférant les escaliers aux ascenseurs et la marche ou le vélo aux transports en commun.
3. Faites la paix avec la nourriture et concevez-la en tant qu'aliment et non en tant que substitut : manger n'est pas la solution à la colère, au besoin affectif, à la peur, au surplus de travail, etc.
4. Mangez des fruits chaque jour, et des légumes à chaque repas, à profusion.
5. Prenez 3 repas par jour, ajoutez éventuellement une collation ou deux.
6. Ne sautez jamais de repas sinon votre organisme stockera précieusement les calories ingurgitées à la première occasion pour les garder jalousement et les brûler lentement. Vous vouliez mincir ? Vous obtiendrez exactement l'effet inverse.
7. Buvez de l'eau, uniquement de l'eau !
8. Choisissez bien vos graisses (en priorité huiles de colza, de noix et d'olive, poisson gras) et n'en abusez pas. Celles à privilégier sont les oméga-3 : ce sont des carburants de choix pour le corps, qui les brûle de préférence aux autres gras. Donc aucun risque de les stocker. Côté quantité : 2 c. à s. d'huile par jour (salades,...), 1 poisson gras un soir sur deux.
9. Mangez le plus « nature » possible, recourez moins aux préparations industrielles (trop salées, trop grasses, trop raffinées, pas assez... bonnes !). Réapprenez à cuisiner des aliments simples, découvrez de nouvelles saveurs, respectez votre palais !
10. N'hésitez pas à consulter et à vous faire aider par un professionnel (médecin nutritionniste, endocrinologue, psychothérapeute, diététicien...).

L'ASTUCE EN +

En lune croissante, commencez une cure d'oméga-3, bons pour le moral : mangez 5 noix par jour. Les études montrent qu'il n'y a pas de prise de poids entre 5 et 8 noix par jour, malgré l'apport calorique supplémentaire. En plus, vous bénéficiez des oméga-3, des fibres, des vitamines et des protéines végétales.

Mes astuces coupe-faim

Méfiance à la lune croissante ! Pour éviter les excès et grignotages à cette période favorable à la prise de poids :

- Buvez 2 grands verres d'eau 20 minutes avant chaque repas ;
- Commencez tous les repas par des crudités en entier ;
- Prenez des coupe-faim naturels comme la pectine de pomme, le konjac ou l'agar-agar qui modéreront un peu votre appétit.

Boisson magique coupe-faim à l'agar-agar

Ajoutez à votre repas un peu d'agar-agar. Vous allez voir, c'est magique !
Versez 1 g d'agar-agar dans une tasse bouillante (thé, citron, café, infusion, bouillon, soupe), mélangez bien et consommez avant que la température de votre eau redescende à 40 °C (gélification). Buvez-en 1 tasse 1 fois par jour, 10 à 20 minutes avant votre repas principal. Aucune inquiétude : votre boisson restera totalement liquide, sa saveur et sa couleur ne seront absolument pas modifiées.

Soupe coupe-faim vitaminée

Ingrédients : 1 gros chou vert, 1 branche de céleri, 10 petits oignons, 3 poireaux, 5 tomates
Épluchez et coupez les légumes en dés. Faites-les cuire dans 3 litres d'eau. Dégustez cette soupe plusieurs jours d'affilée. Vous n'aurez pas faim et ne prendrez pas un gramme.

UNE DÉTOX EN NOUVELLE ET PLEINE LUNE

N'oubliez pas votre journée détox à la nouvelle ou à la pleine lune !

L'ASTUCE EN +

Les lendemains de fêtes bien arrosées, ou tout simplement pour aider le foie à se détoxifier et retrouver tout votre peps, buvez de l'eau additionnée de citron ou du thé vert tout au long de la journée. Si vous avez une petite faim, préparez-vous une soupe détox.

Mes recettes détox

Salade détox

Mélangez du cresson, du céleri, du concombre, des tomates cerise et des cœurs d'artichauts dans un saladier. Arrosez de vinaigrette. Savourez !

Soupe détox Vichy (potage d'après Noël)

Évidemment, après tous ces excès, on a envie d'un potage détox : quelques bons légumes et un bouillon qui nous donnent l'impression de « laver » notre organisme ! Alors, avant d'attaquer la

galette des rois, 1 ou 2 jours de ce potage « d'après fêtes » accompagné de fruits frais et de thé vert vous fera le plus grand bien.
Ingrédients : 50 cl d'eau de Vichy Saint-Yorre ou Vichy Célestins, 3 brins de cerfeuil, 3 carottes, sel, poivre
Faites cuire les carottes coupées en rondelles dans l'eau de Vichy. Mixez avec les pluches de cerfeuil. Salez, poivrez.

L'ASTUCE EN +

Si vous avez festoyé plus que de raison, faites-vous une infusion de menthe : faites infuser dans 1 tasse d'eau bouillante pendant 10 minutes 5 ou 6 feuilles fraîches, filtrez et buvez en fin de repas, pour aider à digérer et défatiguer les foies barbouillés.

Soupe Apollo 11 spécial détox et brûle-graisses

Ingrédients : 1 chou vert, 3 poireaux, 4 tomates, 2 aubergines, 3 branches de céleri, 1 bulbe de fenouil, 2 poivrons rouges ou verts, 3 gros oignons, 3 gousses d'ail, 1 branche de thym, 3 feuilles de laurier
Épluchez et coupez finement tous les légumes. Plongez-les dans 3 litres d'eau et ajoutez le thym et le laurier. Ne salez pas. Laissez cuire 1 heure à feu doux. Ne mixez pas afin que les légumes conservent toutes leurs fibres. Consommez tout au long de la journée, dès que vous avez faim. Et rien d'autre !

Soda d'agrumes

La lune descendante est la meilleure période pour cette recette. Effet détox et coup de fouet garantis !

Ingrédients : 20 ml d'eau de fleur d'oranger, 1 citron vert, 1 goutte d'huile essentielle de mandarine jaune, eau pétillante bien fraîche, sucre complet ou miel (facultatif).
Réservez 1 fine rondelle du citron vert et pressez le jus du reste. Versez l'eau de fleur d'oranger et le jus du citron dans un grand verre. Complétez avec de l'eau pétillante et ajoutez 1 goutte d'huile essentielle de mandarine jaune posée sur ¼ de c. à c. de miel. Décorez le verre avec la rondelle de citron et dégustez !

Thé détoxifiant de Diane

Diane est la déesse romaine de la chasse et de la lune.
Ingrédients : 50 g de thé vert en vrac (Gunpowder nature, en magasins bio), 10 g de badiane (anis étoilé), 10 g de thym-citron, 4 g de sauge séchée, 4 g de queues de cerises, 15 gousses de cardamome, 5 clous de girofle, les écorces séchées de 2 citrons non traités.
Mélangez et broyez tous les ingrédients dans un mortier pour libérer les arômes. Versez 1 litre d'eau frémissante sur 6 c. à c. de cette préparation. Laissez infuser 5 minutes puis filtrez. Buvez le litre dans la journée. Conservez ce thé dans une boîte en fer.

Thé aux épices spécial détox de Cerrydwen

Cerrydwen est la déesse galloise de la lune, de la moisson et de la fertilité.
Ingrédients : 1 petit bâton de cannelle, 3 clous de girofle, 2 pincées de muscade, 3 graines de cardamome, 1 c. à s. de thé noir.
Faites infuser la cannelle, les clous de girofle, la muscade, la cardamome dans 50 cl d'eau frémissante pendant 5 minutes. Versez dans une théière sur le thé noir et laissez infuser quelques minutes avant de servir. Buvez-en à volonté toute la journée.

Infusion détox aux pissenlits

Lavez et coupez une poignée de racines et de feuilles de pissenlit par litre d'eau, faites bouillir 2 minutes, laissez infuser 10 minutes et filtrez. Buvez-en 3 tasses par jour.

CURE DE PLANTES

La lune décroissante est la période idéale pour démarrer une cure de détoxication par les plantes : chardon-marie, radis noir, desmodium, chlorella... Pour une désintoxication en profondeur, suivez une cure de 20 jours de chlorella, par exemple.

La cure détox du Bootcamp

Une cure détox est un excellent moyen de perdre du poids ou tout simplement de débarrasser son organisme des toxines qui le polluent. À cet égard, le régime Bootcamp est une cure détox qui se réalise pendant 4 semaines et consiste à consommer 5 aliments détox tous les jours, pour détoxifier son organisme.

Pourquoi faire une cure détox Bootcamp ?

Tous les jours, nous sommes confrontés à de multiples pollutions. On mange, on respire, les toxines s'installent dans notre organisme. Cela entraîne de la fatigue, un teint terne, un manque d'énergie... C'est pourquoi la cure détox Bootcamp est faite pour aider le corps à éliminer toutes ces toxines et retrouver son bien-être. Elle peut aussi préparer à un régime alimentaire pour une perte de poids plus efficace.

Les principes de la cure détox Bootcamp

La cure détox Bootcamp dure 4 semaines et demande un changement de comportement alimentaire. Chaque semaine, il y a une journée « Turbodétox ». Et chaque jour, au moins 5 aliments détox doivent être consommés. Parmi ceux-ci, on trouve les fruits et légumes bio, le saumon sauvage, les sardines, les anchois, le soja, le lait de chèvre ou de brebis, les céréales complètes, les noix et les amandes.

Les résultats de la cure détox Bootcamp

La cure détox Bootcamp n'est pas forcément destinée à maigrir, mais plutôt à détoxifier l'organisme. Cependant, en diminuant les produits raffinés, les graisses et les sucres, celle-ci a aussi des effets visibles sur la silhouette. Après une cure détox Bootcamp, on peut aussi observer un teint plus éclatant et un regain d'énergie.

Détox au citron : mode d'emploi

Envie de soulager votre foie ? Misez sur une cure de jus de citron. Le principe : boire le jus d'1 citron par jour pendant 15 jours. C'est très simple à faire et efficace.

Pour faire une cure détox au citron, trois possibilités :

① La plus classique : vous buvez le jus d'1 citron pressé le matin à jeun, pendant 15 jours à 3 semaines. Vous faites une pause pendant la même durée et vous pouvez recommencer si vous le souhaitez.

② Pour les personnes sensibles à l'acidité : absorbez votre citron pressé à 17 -18 heures, c'est l'heure où l'on métabolise le mieux tous les fruits acides. Et ce pendant 10 à 15 jours.

③ Pour les « bons vivants » : les personnes au tempérament sanguin qui mangent trop, sensibles aux problèmes de circulation du sang, peuvent avoir de vrais bénéfices avec le citron parce qu'il aidc à fluidifier le sang. En cure détox, boire le jus d'1 citron le 1er jour, 2 le 2e jour, 3 le 3e jour et ainsi de suite jusqu'à 8 citrons le 8e jour. Ensuite, diminuez le nombre de jus de citron sur le même rythme (8, 7, 6, 5, 4, 3, 2, 1). La cure se fait donc sur 16 jours au total.

JOURNÉE DÉTOX

› Buvez un jus détoxifiant : mixez finement 5 carottes, 1 pomme, 2 tiges de céleri et ½ betterave crue. Et ne buvez que ça tout au long de la journée (à volonté).
› Marchez au moins 2 heures dans la journée.

CURE DÉTOX

Associez 1 produit détoxifiant à une alimentation saine et des exercices de respiration. Éliminez ainsi les toxines accumulées dans votre corps. Le résultat : silhouette affinée, stabilisation du poids, énergie physique boostée, teint lumineux, cheveux éclatants. En purifiant activement l'organisme, la cure détox agit de l'intérieur pour sublimer l'extérieur.

Bain détox : les effets d'un bain chaud

Tout le monde aime prendre un bon bain chaud. Saviez-vous que le bain est recommandé si vous cherchez à vivre sans toxines et à éliminer certaines impuretés ? C'est ce que l'on nomme l'hydrothérapie (thérapie par l'eau) et elle fait partie intégrante des programmes de détoxification (notamment lors de cures détox pratiquées par les centres). Mais pourquoi le bain est-il positif pour la détox ?

Le bain intensifie la circulation du sang vers la peau et élimine les cellules mortes qui ont tendance à entraver l'élimination des toxines. Un bon bain accélère donc le processus de détoxication et le déblocage des pores. Il est recommandé, pour un maximum d'efficacité, de faire des bains chauds détox assez régulièrement. Bougies et musique apaisantes vous aideront à vous relaxer. Assurez-vous également que votre salle de bains est bien chaude. Nous vous recommandons, pour profiter pleinement du bain détox, de vous munir d'un oreiller spécial bain, ou alors de rouler une serviette pour y poser votre tête. Il existe plusieurs bains bienfaisants en fonction des huiles essentielles que vous y ajouterez.

Les huiles essentielles se dispersent dans l'eau au moyen de lait en poudre ou de base pour bain (voir page 54).

Avec ces bains malins, vous alliez soins de la peau et vertus minceur. Que demander de plus ?

Bain aux écorces de citron

Lorsque vous en ressentez le besoin, ainsi que les soirs de pleine lune (certaines femmes sont très sensibles au calendrier lunaire et ont tendance à être très énervées et à grignoter ces soirs-là) et à chaque changement de saison, prenez un bain très chaud additionné du jus de 2 ou 3 citrons et de leurs écorces pour vous détoxifier. Restez-y 20 bonnes minutes pour laisser le temps aux principes actifs du citron de bien pénétrer la peau : elle en sort nettoyée, dynamisée et les vertus détox du citron agiront en profondeur !

Bain au gros sel

Faites couler un bain chaud. Versez 1 kg de gros sel dans l'eau de votre baignoire. Plongez dedans et restez-y au moins 20 minutes. Idéal pour éliminer les toxines tout en faisant fondre les kilos.

Bain aux huiles essentielles

Plongez dans un bain dans lequel vous aurez versé quelques gouttes d'huile essentielle de citron ou de lavande, diluées dans 1 c. à s. de base pour bain (à défaut, d'huile d'amande douce). Il ne reste plus qu'à vous relaxer 20 minutes.

UN VENTRE PLAT GRÂCE À LA LUNE

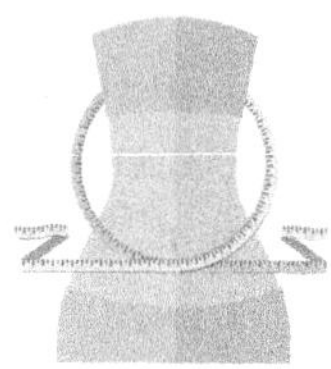

La lune croissante favorise l'assimilation. Attention donc aux excès de table ! Soyez d'autant plus raisonnable à cette période ou c'est la gonflette assurée et le bouton du pantalon va sauter.

Ventre plat : 4 astuces magiques

① **Mâchez bien et mangez lentement.** Cela évitera les ballonnements qui ne sont pas très glamour, il faut avouer ! Et puis, manger lentement, c'est être rassasié plus vite, ce qui n'est pas plus mal ! Bien sûr, il faut manger au calme et éviter de parler, rigoler, etc., car on avale beaucoup d'air, ce qui provoque davantage de ballonnements et de gaz au final.

② **Buvez beaucoup d'eau.** On ne le répétera jamais assez, mais il est PRIMORDIAL de boire au minimum 1 litre d'eau par jour !

③ **Évitez certains aliments comme le riz, les pommes de terre, les pâtes, le pain et privilégiez les légumes** qui facilitent le transit. Essayez de prendre vos repas à heures fixes et pas trop espacés, histoire de ne pas vous jeter sur les gâteaux apéro, cacahuètes et autre saucisson sec.

④ Vous pouvez en plus **prendre des compléments alimentaires** qui facilitent le transit et agissent sur les ballonnements, comme des gélules à base de charbon ou d'argile.

Si vous suivez ces petits conseils, c'est sûr, vous serez une vraie pin-up sur la plage cet été !

Digestion facile pour ventre plat

L'huile essentielle de menthe poivrée facilite la digestion, lutte contre les ballonnements et aide donc à conserver un ventre plat. Versez 1 goutte sur un bout de pain que vous mangerez à la fin du repas pour plus d'efficacité.

Après chaque repas lourd, mettez dans un bol quelques graines de fenouil et quelques feuilles de menthe. Versez de l'eau très chaude et laissez infuser 10 minutes avant de boire.

L'ASTUCE EN +

Dans la même journée, soyez trois femmes en une : reine, princesse et mendiante. Le matin, déjeunez comme une reine. Après une abstinence de 8 heures, l'organisme a besoin d'une bonne

→

dose de nutriments pour se remettre en route. Pensez aux petits déjeuners à l'anglaise avec œuf sur le plat, fromage et fruits. Pour le déjeuner, mangez raisonnablement et le soir, dînez léger avec seulement un potage et une tranche de pain.

Les meilleurs fruits et légumes pour un ventre plat

Pour éviter la gonflette, voici vos meilleurs alliés :

- **Côté légumes :** courgette, aubergine, maïs, fenouil, salade verte, tomate (à condition d'enlever la peau et les pépins, causes d'acidité), concombre (dégorgé ou débarrassé de la partie centrale).
- Pour aider la digestion, pensez aux aromates, comme la coriandre ou les graines de carvi, à croquer en fin de repas.
- **Côté fruits :** framboise, fraise, brugnon, pêche, poire, pomme, abricot.

Salade de fruits top ventre plat

Coupez en petits morceaux des pêches, des poires, des pommes, des abricots et des fraises et mettez le tout dans un grand saladier. Ajoutez des framboises entières. Versez le jus d'1 ou 2 oranges, puis entreposez votre salade au réfrigérateur. Mangez bien frais.

LUTTER CONTRE LA CELLULITE

Côté cellulite, plus on est musclée, meilleure est l'aspect de notre peau. Lorsque les capitons reposent sur du muscle tonique plutôt que sur du gras, l'aspect peau d'orange est moins flagrant. Au fur et à mesure que l'on se tonifie, les capitons se lissent grâce à l'action bénéfique de l'afflux de sang vers les muscles. Une vascularisation qui a un effet drainant de l'intérieur. Le sport est donc souverain pour lutter contre la cellulite, notamment l'aquagym.

Il existe un tas de petites astuces faciles à intégrer dans sa vie de tous les jours. En quelques semaines, elles peuvent réellement nous aider à remodeler notre silhouette.

En voici une liste, où chacune pourra piocher celles qui lui conviennent :

- Monter sur la pointe des pieds
- Marcher dans l'eau
- Se masser façon « palper-rouler »
- Préférer les escaliers à l'ascenseur, et grimper les marches deux par deux
- Contracter (discrètement) les fessiers, debout en attendant le bus, ou bien assise à son bureau ou dans son canapé
- Finir sa douche 2 minutes à l'eau froide sur les jambes et les mollets
- Nager avec des mini-palmes
- Danser juchée sur des talons

Cette satanée peau d'orange... que ne ferait-on pas pour s'en débarrasser à tout jamais ? À défaut de remède miracle, voici nos recettes naturelles pour atténuer l'effet granuleux à moindre coût.

Crème anticellulite au marc de café

Versez 1 c. à s. de marc de café dans un bol et ajoutez-y 1 c. à c. d'huile d'olive. Mélangez et appliquez cette préparation sur les zones concernées (cuisses et fesses). Enrobez-les ensuite de cellophane pendant 20 minutes. Répétez cette opération 2 fois par semaine. Grâce au marc de café, vous obtiendrez les mêmes résultats que n'importe quelle crème anticellulite à base de caféine vendue une fortune.

Pour augmenter l'efficacité de votre crème amincissante ou anticellulite, emballez les zones que vous venez de crémer dans un film alimentaire et faites 1 heure de gym ou de ménage. La crème minceur doit être appliquée en palper-rouler, tous les jours et sur une longue durée.

Huiles aromatiques anticellulite

Créez votre propre huile de massage en mélangeant une huile essentielle aux vertus amincissantes avec une huile végétale et massez les zones à cellulite matin et soir pendant 3 semaines.

Amande-citronnelle

Dans un flacon de 30 ml, mélangez 60 gouttes d'huile essentielle de citronnelle de Java dans 30 ml d'huile d'amande douce. La citronnelle de Java permet d'éliminer la cellulite et de diminuer la rétention d'eau.

Mélange abricoté

Mélangez 40 gouttes d'huile essentielle de romarin verbénone, 40 gouttes d'huile essentielle d'eucalyptus mentholé, 20 gouttes d'huile essentielle d'hélichryse et 50 ml d'huile végétale de noyau d'abricot.

Multiplantes magiques

Mélangez 30 gouttes d'huile essentielle de cyprès, 20 gouttes d'huile essentielle de citronnelle de Java, 10 gouttes d'huile essentielle de géranium Bourbon, 15 ml d'huile végétale de Jojoba et 15 ml d'huile d'argan.

Pamplemousse ou cèdre

Massez-vous après la douche avec un mélange d'essence de pamplemousse (10 gouttes) ou de cèdre de l'Atlas (30 gouttes) dans un flacon de 100 ml d'huile végétale. Massez énergiquement, de bas en haut, en palper-rouler.

Pâte de lierre

Broyez en poudre des feuilles de lierre grimpant, puis mouillez avec un peu d'eau de façon à obtenir une pâte homogène. À l'aide de compresses et de bandages, appliquez sur les zones concernées.

Version marine

Faites chauffer dans très peu d'eau 80 g d'algues marines séchées, 100 g de son et 100 g de gros sel gris marin. Mélangez. Une fois que la pâte est homogène, appliquez sur les zones concernées et maintenez pendant 15 minutes à l'aide de compresses et de bandages.

4 lotions anticellulite au citron 100 % naturelles, 100 % efficaces, 100 % maison

Le citron aide à déstocker les graisses et raffermit l'épiderme, donc n'hésitez pas à faire appel à lui pour lutter contre la cellulite.

Associé à d'autres ingrédients magiques, il décuplera leurs effets pour des résultats impressionnants !

- **Citron-café.** De nombreuses crèmes amincissantes renferment de la caféine, qui aide à déstocker les graisses et à raffermir l'épiderme. Potentialisez ces effets grâce au citron. Pour vous concocter une petite lotion anticellulite maison, préparez un café très fort, versez-en 50 cl dans une bouteille et ajoutez le jus d'1 citron. Fermez la bouteille, secouez-la et laissez reposer 24 heures. Utilisez cette préparation en massage (ventre, cuisses, fesses). Conservez au réfrigérateur, 1 semaine maximum.
- **Citron-olive.** Chaque jour après la douche ou le bain, étalez sur vos cuisses et autres zones à problème un mélange de 2/3 d'huile d'olive et d'1/3 de jus de citron et massez fermement les zones concernées jusqu'à complète pénétration de l'huile.
- **Citron-jojoba.** L'huile essentielle de citron renforce les tissus affaiblis, touchés par la cellulite. Matin et soir, massez les parties concernées avec un mélange de quelques gouttes d'huile essentielle de citron et d'1 c. à s. d'huile de jojoba.
- **Citron-multiplantes.** Dans un flacon rempli de 100 ml d'huile d'argan, ajoutez 1 ml d'huile essentielle d'hélichryse, 2 ml d'huile essentielle de genévrier et 3 ml d'huile essentielle de citron. Pour bénéficier au maximum de ses principes actifs, appliquez cette huile sur les zones à cellulite juste avant de passer sous la douche : la chaleur de l'eau permettra au citron de pénétrer dans la circulation sanguine pour agir plus en profondeur. Une fois sous la douche, continuez à masser les endroits concernés avec cette huile en faisant rouler la peau, même si c'est douloureux, afin d'activer la circulation.

DES JAMBES DE DÉESSE

Pour lutter contre la cellulite et se remodeler des jambes de rêve, rien ne vaut le sport ! Voici les 4 sports les plus efficaces pour avoir de belles jambes :

L'aquagym : la lune croissante est une période propice à l'accumulation des graisses dans les tissus. Pour y remédier, rien de tel qu'une séance d'aquagym, le sport idéal pour des jambes fines et fuselées. Les mouvements drainants de l'eau éliminent rétention d'eau et cellulite.

La natation : le sport le plus complet, il fait travailler absolument tous les muscles du corps.

Le vélo et l'aquabike : pour des jambes sans défaut.

Le running : pour un travail en profondeur de tous les muscles des jambes et des résultats spectaculaires sur la perte de poids.

Massage jambes fuselées

Efficace sur la cellulite, la rétention d'eau et la circulation lymphatique. La lune ascendante est la meilleure période pour cette recette.

Dans un flacon pompe de 50 ml, versez 30 gouttes d'huile essentielle de genévrier et 10 gouttes d'huile essentielle de pistachier lentisque. Complétez avec de l'huile végétale de macadamia, vissez la pompe et agitez énergiquement le tout pour bien mélanger. Appliquez généreusement sur chaque jambe, de la cheville aux hanches.

Bain anticellulite

Versez 20 gouttes d'huile essentielle de genévrier dans 1 c. à s. de lait en poudre à diluer dans le bain déjà coulé. Plongez-y 20 à 30 minutes. Sortez sans vous rincer.

L'ASTUCE EN +

La citronnade matinale sur un estomac vide, 30 minutes avant le petit déjeuner, est un remède contre la rétention d'eau. Diurétique, le citron fait « dégonfler » et aide à lutter contre la cellulite.

Chapitre 5

Votre santé avec la lune

Aux États-Unis, 8 professionnels de santé sur 10 pensent que les cycles de la lune ont une influence sur l'organisme humain. Pourquoi ne pas essayer de rythmer votre vie autour du cycle lunaire pour plus de bien-être et une meilleure forme ?

Tableau des effets de la lune sur la santé

PHASE LUNAIRE	RAYONNEMENT	EFFETS SUR L'ORGANISME
1 semaine avant la nouvelle lune	Ondes à polarité négative	Coups de blues, l'organisme tourne au ralenti
À la nouvelle lune	Très faible	Mycoses vaginales
1 semaine avant la pleine lune	Devient plus fort	Cystites et infections urinaires
À la pleine lune	Très fort	Jambes lourdes, hémorroïdes, problèmes de circulation, oxuyres
En lune décroissante	Va en s'affaiblissant chaque jour	Augmentation des douleurs, arthrose, rhumatismes, mycoses

BIEN DANS MON CORPS

Problèmes de circulation

Jambes lourdes, hémorroïdes, varices, insuffisance veineuse, fragilité capillaire... Toutes ces petites pathologies veineuses sont le signe d'une mauvaise circulation du sang qui se trouve accentuée lors de la pleine lune. Plusieurs explications sont avancées, notamment la force gravitationnelle de la lune qui, si elle soulève les eaux des océans pour donner les marées, fait aussi gonfler le volume du sang dans les veines.

Nos conseils pour prévenir les problèmes veineux

- Essayez les **bas de contention** qui allient aujourd'hui esthétique et confort.
- Adoptez **une alimentation riche en antioxydants** (riche en vitamines C et E, caroténoïdes, polyphénols, sélénium, zinc).
- **L'huile essentielle de cyprès de Provence :** massez-vous des chevilles jusqu'aux hanches avec 5 gouttes d'huile essentielle de cyprès de Provence diluées dans 1 c. à c. d'huile végétale (olive, amande douce, noisette).
- **Le citron :** tout comme l'aspirine, le citron fluidifie le sang, avec l'inconvénient en moins de ne pas faire saigner du nez et de ne pas provoquer d'allergies. Le sang, plus fluide, circule plus aisément dans les vaisseaux sanguins, ce qui abaisse la pression artérielle, permet une cicatrisation et une reconstitution des vaisseaux lésés plus rapide, un apport plus régulier et plus abondant de substances nutritives aux organes dont les fonctions s'accomplissent alors avec beaucoup plus de facilité. En d'autres termes, le citron contribue à améliorer la qualité et la circulation du sang dans l'organisme, ce qui a pour effet

de nourrir de manière adéquate les cellules de l'organisme, pour notre plus grand bien et une meilleure santé. En outre, le citron renforce les parois veineuses et tonifie le cœur.

Nos conseils pour améliorer la circulation du sang

Vos jambes gonflent et sont lourdes ? C'est un problème de circulation.

- **En traitement de fond :** incorporez 2 gouttes d'huile essentielle de citron dans ½ c. à c. d'huile d'olive, sur un morceau de sucre ou de la mie de pain à ingérer 2 fois par jour, 10 jours par mois en lune croissante.
- **Bain spécial circulation :** délayez 5 gouttes d'huile essentielle de cyprès et 5 gouttes d'huile essentielle de citron dans 1 c. à s. de base neutre pour bain (que vous trouverez en pharmacie, sur Internet, ou dans les boutiques spécialisées dans le bien-être et l'aromathérapie). Prenez un bain pas trop chaud (38 °C). Restez-y au moins 10 minutes. Puis alternez douches chaudes (40 °C) et froides (20 °C) du bas vers le haut (des pieds vers le cœur). Si vous avez le courage, du corps tout entier, sinon au moins jusqu'en haut des cuisses. Renouvelez l'opération un matin sur deux.
- **Huile de massage spécial circulation :** massez-vous des chevilles vers les cuisses avec un mélange composé de 10 ml d'huile essentielle de citron pour 100 ml d'huile végétale de calophylle (en pharmacie).
- **Infusion spéciale circulation :** buvez des infusions de vigne rouge et d'hamamélis sucrées avec 1 c. à c. de miel dans lequel vous aurez rajouté 1 goutte d'huile essentielle de citron.

Infections urinaires

La lune joue également un rôle sur les infections urinaires et les cystites. Une semaine avant la pleine lune, vous risquez de souffrir d'un problème urinaire si vous y êtes déjà sujette par nature.

Nos conseils pour éviter les cystites

Pour éviter les cystites d'une manière générale, et notamment à cette période lunaire :

- Buvez du jus de cranberry et beaucoup d'eau pour éviter la prolifération et la fixation des germes sur les parois urinaires,
- Évitez de porter des vêtements serrés et des sous-vêtements en matières synthétiques.
- **Jus ou décoction de myrtilles :** si vous êtes sujette aux cystites, buvez 2 ou 3 verres de jus de myrtilles par jour, ou faites une décoction : mettez 1 c. à s. de baies par tasse d'eau, faites bouillir 5 minutes, puis infuser 10 minutes. Filtrez. Buvez 2 ou 3 tasses par jour. Une cure commencée en lune décroissante sera plus efficace.
- Le citron, antiseptique, lutte contre les infections urinaires, vésicales et rénales. Il soigne et prévient, entre autres, les cystites et la goutte.

INFUSION D'ÉCORCE DE CITRON

Coupez 80 g d'écorce de citron bio en petits morceaux, mettez-les dans un bocal hermétique et versez par-dessus 2 verres d'eau bouillante, puis fermez le récipient. Laissez infuser 15 minutes et filtrez. Sucrez au besoin avec du miel de montagne, spécialement indiqué en cas d'infections urinaires. Buvez cette infusion en 2 fois dans la journée, après les repas par exemple, ou au cours de l'après-midi et juste avant d'aller au lit.

Nos conseils pour prévenir les mycoses

À la nouvelle lune et en lune décroissante, vous risquez une récidive. Les mycoses, qu'elles soient cutanées ou vaginales, sont provoquées par la présence de champignons microscopiques (en général le *Candida albicans*) qui se développent plus volontiers en milieu acide. Or, le terrain corporel devient plus acide en période de nouvelle lune.

- Si vous êtes sujettes aux mycoses à répétition, pensez aux **probiotiques** (par voir orale ou sous forme de tampons). Ils empêchent l'installation des champignons. Leurs bénéfices ont été démontrés sur la prévention des récidives, mais aussi sur la réduction des symptômes.
- Certaines **huiles essentielles** peuvent être intéressantes en cas de mycose. Plus particulièrement celles de thym à linalol, de niaouli, de sauge ou de bardane. Mélangez 2 gouttes d'huile essentielle de thym (ou de niaouli ou de sauge) avec 10 gouttes d'huile végétale (comme la calophylle) et appliquez localement sur les tissus extérieurs touchés par la mycose, matin et soir jusqu'à disparition. En plus, posez 1 goutte d'huile essentielle sur 1 c. à c. d'huile d'olive (ou un comprimé neutre) et laissez fondre en bouche. À faire 3 fois par jour pendant 20 jours. Contre-indications : évitez de prendre ces huiles essentielles par voie orale pendant les 3 premiers mois de la grossesse et durant l'allaitement.

Saignements

Évitez (dans la mesure du possible) les opérations à la nouvelle lune et à la pleine lune, car il y a à cette période un saignement plus important, et donc un risque d'hémorragie. Évitez également les jours de nœuds lunaires, d'apogée ou de périgée, qui entraînent des perturbations dans le système sanguin.

Si vous devez subir une intervention chirurgicale ou dentaire (en dehors de toute urgence bien sûr), programmez-la de préférence une lune décroissante pour une cicatrisation et une récupération plus rapides.
Pensez-y pour toute pose de couronnes ou implants dentaires, ainsi que pour l'arrachage et la dévitalisation des dents notamment.

Rappel

Les plaies cicatrisent mieux en lune décroissante, favorisez donc les interventions chirurgicales ou dentaires à ce moment.

Nos conseils en cas d'interventions chirurgicales ou dentaires

Pensez à l'homéopathie :

- Avant l'opération, si vous êtes inquiet, prenez 1 dose d'Ignatia amara ou de Gelsemium sempervirens 9 CH la veille et 1 dose le jour de l'opération.
- Le lendemain de l'opération, pour vous remettre du choc, aider à limiter les douleurs et les hémorragies : prenez 2 granules 3 fois par jour d'Arnica montana 9 CH jusqu'à la fin des douleurs post-opératoires (1 semaine si besoin).
- Pour mieux cicatriser : Staphysagria 5 CH, 2 granules 3 fois par jour.
- Pour mieux récupérer : 1 dose de Kalium phosphoricum 15 CH matin et soir pendant 10 jours.

Douleurs articulaires, rhumatismes

Si vous avez des rhumatismes, vous risquez de souffrir davantage de vos douleurs en lune décroissante. La lune croissante est une période favorable pour lutter contre les rhumatismes.

- Pour soulager les rhumatismes, buvez chaque matin un jus de carottes-citron. Comptez 1 carotte pour 1 citron si vous les passez à la centrifugeuse. Sinon, un jus de carottes du commerce fera très bien l'affaire, surtout s'il est biologique.
- Frictionnez les parties douloureuses avec du jus de citron et posez des compresses imbibées de jus de citron que vous pouvez fixer à l'aide de sparadrap.
- Essayez le curcuma, râpé ou en poudre, sur vos plats.
- Essayez la feuille de cassis : 1 c. à c. de feuilles sèches, à laisser infuser 10 minutes. Buvez-en 3 tasses par jour, entre les repas, en cure de 3 semaines environ. À renouveler si besoin.
- Faites une cure de sève de bouleau ou de curcuma.
- Faites-vous des tisanes de saule et de reine-des-prés.
- Et surtout, n'oubliez pas de vous supplémenter en oméga-3 et de manger des poissons gras.

Huile pour massages spéciale courbatures et rhumatismes

Mélangez 10 gouttes d'huile essentielle de gaulthérie couchée, de genièvre et de romarin à camphre dans 1 c. à s. d'huile d'arnica et appliquez-en quelques gouttes en massage sur les articulations, 3 fois par jour en lune croissante.

Cataplasmes à l'argile

Pour soulager une douleur articulaire ou musculaire, mélangez 1 c. à s. d'huile d'olive avec 1 c. à s. d'argile en poudre de manière à obtenir une pâte homogène à étaler en couche épaisse d'environ

2 cm sur la zone à traiter. Laissez agir 20 à 30 minutes. Rincez à l'eau claire.

Bains à l'huile essentielle de gaulthérie ou de romarin à camphre

Si vous êtes perclus de douleurs, prenez des bains avec 15 gouttes d'huile essentielle de gaulthérie ou de romarin à camphre diluées dans une base pour bain ou votre bain moussant.

BIEN DANS MON ASSIETTE

Des vers intestinaux ?

La pleine lune est la meilleure période pour se vermifuger. Traitez les oxyures (vers hébergés dans les intestins) les 3 jours entourant la pleine lune.

- En traitement : une infusion de thym (faites infuser 10 minutes et n'oubliez pas de filtrer) dans laquelle vous ajouterez 1 goutte d'huile essentielle d'arbre à thé ou de camomille noble dans ¼ de c. à c. de miel. Buvez-en 3 tasses par jour.
- En prévention : une infusion de thym chaque matin peut vous éviter d'abriter ces hôtes indésirables.
- Buvez de l'hydrolat (eau distillée) de camomille à raison d'1 c. à s. matin et soir 3 jours de suite.
- La veille, faites une diète. Le lendemain matin, écrasez 50 g de graines de courge et mélangez-les avec un peu de miel. Prenez cette mixture en une fois.
- À jeun : prenez 1 c. à s. de jus de citron et 1 c. à s. d'huile d'olive, pendant les 3 jours entourant la pleine lune.

- Vous pouvez aussi essayer l'homéopathie : Cina 5 CH, 2 granules 3 fois par jour pendant ces 3 jours.
- Râpez 3 gousses d'ail dans une tasse d'eau bouillante, laissez macérer une nuit et buvez à jeun le matin.
- Mangez de l'ail cru dans vos salades.
- Pressez 1 citron et buvez-en le jus, puis broyez le reste : écorce, zeste et pépins. Faites macérer dans un bol d'eau sucrée avec du miel de lavande pendant 2 heures. Filtrez. Buvez ce jus 3 fois par jour pendant les 3 jours.
- La décoction de citron s'avère particulièrement efficace pour éliminer les vers intestinaux. Poursuivez le traitement pendant 1 semaine.

Foie encombré / crise de foie

C'est en lune décroissante que vous pourrez le mieux drainer votre foie.

Voici trois astuces pour soulager le foie et l'aider dans son travail d'élimination après les fêtes ou une accumulation de repas trop copieux :

- **Cure de citronnade (en prévention) :** chaque matin pendant 1 semaine, pressez 3 citrons dans un verre d'eau minérale tiède (proche de la température du corps). Sucrez avec du miel, si possible de romarin, qui stimule aussi la vésicule biliaire. Buvez cette citronnade à jeun, 30 minutes au moins avant votre petit déjeuner. L'association jus de citron + miel est très efficace pour favoriser le travail de la bile.
- **Infusion de romarin à l'huile essentielle de citron :** pour désengorger le foie, préparez chaque matin une infusion de romarin et ajoutez 1 goutte d'huile essentielle de citron dans 1 c. à c. de miel de romarin. À essayer dès que vous vous sentez

un peu barbouillé ou que vous avez le teint gris. Votre foie vous en remerciera.

- **Huile de massage pour le foie :** si vous avez une indigestion, que vous avez fait des excès alimentaires ou bien, tout simplement, que vous avez mal au foie (dans le bas de l'abdomen, du côté droit), massez cette région avec une huile composée de 50 ml d'huile d'amande douce à laquelle vous ajouterez 10 gouttes d'huile essentielle de romarin, 10 gouttes d'huile essentielle de citron et 5 gouttes d'huile essentielle de menthe poivrée.

Manque d'appétit

C'est en période de lune croissante qu'il vous sera plus facile de reprendre un peu de poids.

Si le citron possède des propriétés digestives, il ouvre également l'appétit. Préparez votre propre boisson apéritive : dans un bocal en verre hermétique, laissez macérer pendant 10 jours le zeste d'1 demi-citron non traité dans 1 litre de vin rouge d'excellente qualité. Agitez tous les jours le liquide. Filtrez. Buvez un verre avant les deux repas pendant 1 ou 2 semaines. Réservé aux adultes !

MES CURES AU FIL DU CALENDRIER LUNAIRE

La lune croissante est une période favorable pour démarrer une cure de plantes immuno-stimulantes.

En lune décroissante, on élimine plus facilement. Profitez-en pour drainer les toxines des reins ou du foie par des tisanes de pissenlit, d'ortie, de bouleau, de bruyère ou d'aubier de tilleul. Vos articulations et votre dos apprécieront aussi ces tisanes drainantes. Et puis, c'est l'occasion de perdre du poids !

Cure de fond et cure de saison

Il existe deux sortes de cures. Dans les deux cas, il s'agit de prendre durant au moins 20 jours des compléments alimentaires (vitamines, oligoéléments, acides aminés, etc.) ou des plantes (gélules, tisanes, etc.).

① Quand on ne souffre pas de maux particuliers, on peut suivre **une cure de saison**, pour aider l'organisme à se préparer aux changements climatiques et pour prévenir les affections qui en résultent. Il s'agit d'une cure d'1 mois, à commencer avant le changement de saison, en lune croissante, période où l'on assimile mieux les nutriments.

② Quand on se plaint de troubles bien identifiés, plus ou moins chroniques (fatigue, rhumatismes, surpoids, mauvaise digestion, constipation...), on suit **une cure de fond** qui permet de résoudre les problèmes. Il s'agit le plus souvent d'une cure dépurative que l'on commence de préférence en lune décroissante.

Rappel

La lune croissante (période entre la nouvelle et la pleine lune), phase pendant laquelle l'organisme reprend des forces et assimile mieux les nutriments, est une période favorable pour démarrer une cure de vitamines ou de plantes. Mieux assimilés par l'organisme, leurs bienfaits seront décuplés.

CONSERVEZ VOTRE BELLE ÉNERGIE ESTIVALE

La lune croissante est une excellente période pour faire une cure de gelée royale en septembre-octobre.

Vous souhaitez garder votre vitalité de l'été ? Démarrez une cure à base de gelée royale. Ce superaliment de la reine des abeilles, bourré de minéraux, est traditionnellement recommandé en cas de fatigue. Une cure efficace doit s'effectuer durant les 15 jours de lune croissante chaque mois, par exemple 2 mois de suite en septembre et octobre. En automne, une cure de gelée royale permet de lutter contre la fatigue et de fortifier votre système immunitaire pour résister aux petits microbes.

Chaque matin, mélangez un soupçon de gelée royale dans 1 c. à c. de miel et ajoutez dans votre yaourt.

Mes cures de saison

Notre corps vit une véritable révolution à chaque changement de saison. Pour négocier le virage au mieux, la cure de saison s'impose : 3 petites semaines 2 fois par an vous assureront santé et tonus pour toute l'année.

En novembre : cure d'hiver

Pour éviter refroidissements, grippes et mauvaises fièvres.

Au choix : gelée royale, ginseng, échinacée...

Supplémentez-vous 10 jours par mois en lune croissante tous les mois d'hiver en :

- Vitamine C naturelle (acérola) : 1 à 3 comprimés dans la journée, soit 1 g/jour,
- Échinacée-cyprès : 1 à 2 comprimés par jour.

Appliquez 2 gouttes d'huile essentielle de ravintsara ou d'eucalyptus radié sur les bronches et le cou en prévention des maladies hivernales.

L'ASTUCE EN +

Pour fortifier votre organisme et passer au travers des incontournables épidémies hivernales, n'hésitez pas à suivre des cures de gelée royale, ginseng ou vitamine C, en alternant chacune pendant 10 jours en lune croissante.

En février : cure de printemps

Pour réveiller l'organisme et lui faire éliminer le surcroît de toxines.
Cette cure peut être commencée en lune décroissante.
Au choix : romarin, chardon-marie, sauge, pissenlit, radis noir...
Détoxifiez-vous pendant les 10 jours de lune décroissante en buvant des tisanes de romarin, fumeterre, mélisse, thym, bardane (2 à 3 tasses par jour) et buvez le jus d'½ citron dilué dans un peu d'eau tiède tous les matins à jeun.

En mai : cure d'été

Pour s'apprêter à affronter les chaleurs et les rayons du soleil, préparer sa peau et lutter contre les jambes lourdes.
Au choix : vigne rouge, pensée sauvage, bardane, marron d'Inde, ail...
Buvez des tisanes de vigne rouge et de menthe contre les jambes lourdes (2 à 3 tasses par jour pendant 3 semaines).

Buvez du jus de carottes pour préparer la peau au soleil et vous donner déjà bonne mine (2 verres par jour pendant 10 jours en lune croissante). En plus, c'est bon pour le foie !

En septembre : cure d'automne

Pour lutter contre la fatigue et les rhumatismes.
À prendre pendant 10 jours en lune croissante :

- Glucosamine-chondroïtine en cas d'arthrose ou de douleurs articulaires ;
- Bambou contre l'arthrose et les rhumatismes ;
- Prêle contre l'arthrose et les tendinites ;
- Reine-des-prés, le dépuratif anti-inflammatoire contre les problèmes articulaires.

Mes cures de fond

Un nettoyage intensif des toxines organiques est primordial avec une cure de fond à chaque changement de saison. Cette cure doit être :

- Dépurative => pour assurer un drainage général de l'organisme grâce à l'utilisation de plantes spécifiques,
- Détoxicante => pour permettre d'éliminer les toxiques exogènes, c'est-à-dire venant de l'extérieur (gaz d'automobiles, résidus agricoles...),
- Détoxifiante => pour éliminer les toxines endogènes, c'est-à-dire fabriquées par l'organisme lui-même, les déchets métaboliques.

Pour détoxiquer et détoxiner l'organisme, les plantes détox sont le moyen le plus naturel et le plus efficace. Elles vont agir sur le système hépatique, le système rénal, l'intestin et le sang.

Les plantes dépuratives du foie et de la vésicule biliaire

Le foie est un éliminateur de déchets, par la bile notamment. Nos fonctions hépatiques se dérèglent et s'encrassent lorsque nous consommons une alimentation riche en graisses et protéines animales : les produits laitiers de vache et charcuterie occasionnent une surcharge en toxines qui demande un énorme travail de filtration de ces « substances indésirables » par le système hépatique. Il en va de même pour les excitants tels que alcool, tabac, café, chocolat, épices.

Afin d'épurer la sphère hépatique et digestive, vous pourrez choisir des plantes en tisanes ou en gélules comme le pissenlit, le romarin, l'aubier de tilleul, la gentiane, le chardon marie, le fumeterre, l'artichaut ou le radis noir.

La dépuration de l'intestin et le confort digestif

Pour éliminer complètement toxines, déchets, et métaux lourds, n'oubliez pas d'ajouter les fibres qui auront un effet « coup de balai » sur l'intestin, afin d'éliminer les résidus stagnants. Le psyllium blond en fine poudre peut occasionnellement contribuer à réguler le transit.

Bonne cure !

L'EAU LUNAIRE

L'eau lunaire est une eau énergétique qui peut « se fabriquer » en période de pleine lune. Le principe est simple : les ondes électromagnétiques émises par les rayons lunaires sont captées par les molécules d'eau et restent prisonnières du liquide en gardant leurs propriétés physiques et énergétiques. En buvant cette eau lunaire, cette information est transmise à l'organisme.

Bienfaits : l'eau de lune possède des pouvoirs nettoyant, régénérant, apaisant... La lune est essentiellement en connexion avec le corps éthérique. On peut s'en servir pour se libérer de peurs anciennes, pacifier les crampes (sur le ventre, par exemple), contre toutes les inflammations se terminant par -ite (otite...), quand on n'arrive pas à dormir, lors d'éruptions de boutons, si on est trop yang, trop excité.

Recette : l'un des 3 jours de la pleine lune (la veille, le jour même ou le lendemain), placez toute la nuit, à un endroit baigné directement par les rayons de lune, un récipient quelconque ou une bouteille ouverte remplie d'eau plate, et récupérez-la avant le lever du soleil (sinon, ce ne sera plus de l'eau de lune, mais de l'eau « soleil/lune » qui n'aura pas du tout les mêmes propriétés). Vous pouvez charger l'eau d'une intention (par exemple : guérison, lâcher-prise, joie...). Conservez cette eau lunaire dans un endroit sombre (placard), car elle ne doit pas être en contact avec la lumière solaire.

Utilisations :

› Vous pouvez la boire, la mélanger à la nourriture (pour cuisiner) ou l'utiliser pour des soins. C'est très efficace pour calmer les enfants agités (testé et approuvé).

→

› En cure : buvez un verre tous les matins à jeun. Le bénéfice sera encore plus grand si vous secouez énergiquement l'eau avant de la boire.

› Prenez un bain lunaire en diluant 1 ou 2 litres d'eau de lune dans votre eau de bain.

› Très efficace également pour nettoyer les pierres et les cristaux en les laissant tremper dans l'eau de lune le temps d'une nuit.

› L'eau lunaire peut être utilisée pour dissoudre les mémoires cellulaires. En effet, il arrive souvent que nous connaissions l'origine d'un trouble sans pouvoir en arrêter les progrès. Les troubles perdurent parce que leur compréhension s'est faite au niveau mental uniquement et non au niveau cellulaire.

› Vous pouvez également en donner aux plantes, aux animaux et en mettre dans vos cosmétiques maison.

TABLE DES MATIÈRES

SOYEZ MALIN !

La collection Malin,
c'est déjà plus de 100 titres au catalogues !

À vous les bons conseils, pour un quotidien plus doux
Retrouvez les vite sur notre blogue :
www.quotidienmalin.com

EN SUPPLÉMENT

Du contenu inédit pour profiter encore plus des bienfaits de la lune !

Recevez immédiatement votre calendrier lunaire, ainsi que des conseils et des soins exclusifs.

Rendez-vous vite sur la page

http://quotidienmalin.com/lune

ou scannez ce code

Pour scanner le QR code avec votre téléphone ou votre tablette, téléchargez sur votre magasin d'applications mobiles (App Store, Android market, etc.) une application permettant de lire les QR codes. Lancez l'application et visez le QR code avec l'appareil photo de votre téléphone mobile. L'application reconnaît automatiquement le QR code et vous permet de voir son contenu sur votre écran.

Vous pouvez également accéder au contenu via le lien indiqué, il vous suffira pour cela de taper ce lien directement dans la barre de recherche de votre navigateur Internet.

Imprimé en France par CPI
en septembre 2016
N° d'impression : 2025500
Dépôt légal : octobre 2016